道路交通控制技术

主 编 刘喜敏 成 晟
副主编 陈 刚 张亚菊 崔金魁
参 编 王 静 陈世文 陈 诚
孙晓莉 王 晖 俞竞伟
孙秀巧 史荣珍

机 械 工 业 出 版 社

本书内容采用项目、任务的编写体例，校企合作开发，将实际工程案例用于教学分析，以城市的道路网络作为实践内容，进行任务设计，符合以任务驱动为导向的"教、学、做"一体化教学模式。同时，本书将素养教育内容融入各个环节，阐述"人民至上、生命至上"的思想，培养学生"胸怀祖国、服务人民"的爱国精神。本书按照道路交通控制涉及的相关技术内容分成 5 个项目，包括城市道路交通信号控制设计、道路交通标志和标线认知、道路交通信号控制机认知、基于 VISSIM 的交通信号控制方案评价、公交优先信号设计。

本书可作为高等职业院校智能交通技术专业和相关专业的教学用书，也可作为道路交通相关行业专业技术人员的参考用书。本书对重点、难点内容配有二维码视频链接，读者可通过手机扫描观看。

本书配有电子课件、教案等资源，凡选用本书作为教材的教师，均可登录机械工业出版社教育服务网（www.cmpedu.com）注册后免费下载或联系编辑（010-88379756）索取。

图书在版编目（CIP）数据

道路交通控制技术/刘喜敏，成晟主编. —北京：机械工业出版社，2022.12
（2024.8 重印）

ISBN 978-7-111-72055-3

Ⅰ.①道… Ⅱ.①刘…②成… Ⅲ.①道路－交通控制－高等职业教育－教材
Ⅳ.①U491.5

中国版本图书馆 CIP 数据核字（2022）第 214136 号

机械工业出版社（北京市百万庄大街 22 号　邮政编码 100037）
策划编辑：谢熠萌　　　　　责任编辑：谢熠萌
责任校对：贾海霞　李　婷　封面设计：王　旭
责任印制：刘　媛
涿州市般润文化传播有限公司印刷
2024 年 8 月第 1 版第 2 次印刷
184mm×260mm·15.25 印张·349 千字
标准书号：ISBN 978-7-111-72055-3
定价：55.00 元

电话服务　　　　　　　　　　网络服务
客服电话：010-88361066　　　机 工 官 网：www.cmpbook.com
　　　　　010-88379833　　　机 工 官 博：weibo.com/cmp1952
　　　　　010-68326294　　　金 书 网：www.golden-book.com
封底无防伪标均为盗版　　　机工教育服务网：www.cmpedu.com

前　言

为适应智能交通技术专业教学及课程改革需要，同时为智能交通技术行业及建设交通强国培育高水平现代职业技能人才，南京信息职业技术学院智能交通技术专业教学团队联合企业高级工程师，紧紧围绕高等职业教育人才培养目标和培养方案，编写了本书。

道路交通控制涉及交通工程、电子、通信、控制等多个领域，因此交叉融合是本门课程的特色，也是难点所在。本书聚焦在道路交叉口信号配时方案设计、与之相配合的交叉口渠化设计、信号配时方案的评价和公交优先信号配时设计等内容，力求以"少而精、简而明"的原则，让学生掌握理论知识和应用技能。本书的目标是通过与行业对接，与企业合作，参照企业用人需求和行业发展，培养知识型、技能型、创新型交通行业人才。

本书具有以下特点：

1）坚持产教融合、校企双元开发的理念，采用校企合作开发模式，第一主编为来自职业院校的一线专任教师，第二主编为来自企业的一线技术骨干，其他编者均来自多所高职院校教育教学一线和企业一线。因此，编写队伍具有丰富的教学经验和企业实践经验，融合了多所院校的专业教学需求和企业岗位职业能力需求。

2）内容编排采用项目、任务的编写体例，并配有任务工单，符合以任务驱动为导向的"教、学、做"一体化教学模式。本书按照学生的认知规律与发展需求，以企业典型工作任务构建教学内容，按照企业的工作任务模式实施教学过程，实现教学过程与任务一体化，契合职业院校专业课程的主要改革模式。

3）将相关案例融入各个环节，阐述"人民至上、生命至上"的思想，培养学生"胸怀祖国、服务人民"的爱国精神。坚持高层次技能人才培养定位，突出职教特色，将专业精神、职业精神和工匠精神融入教材内容。

4）采用"互联网＋"形式，配套制作丰富且形态多样的教学资源，满足信息化教学手段需求，进行立体化教学。本书配套资源包括电子课件、视频、动画和教案等，视频、动画等以二维码链接形式嵌入教材，对学生自主学习、教师教学、企业技术人员学习查阅均具备一定的参考价值。

参加本书编写工作的有：南京信息职业技术学院刘喜敏（编写项目1、项目2任务3和任务5、项目3任务7、项目4、项目5），江苏广宇科技产业发展有限公司成晟（编写项目3任务6）、江苏广宇科技产业发展有限公司陈刚（共同编写项目3任务7），南京信息职业技术学院张亚菊（编写项目2任务4），南京信息职业技术学院崔金魁（共同编写项目2任务5），重庆交通职业学院王静（对教材编写大纲设计和个别章节内容安排提出了非常宝贵的意见），南京信息职业技术学院陈世文、陈诚、孙晓莉、王晖、俞竞伟、孙秀巧、史荣珍（帮助完成了教材中部分图表的绘制、资料整理和文件解读等工作）。

特别感谢山东理工大学孙峰在本书编写过程中提供的帮助，感谢南京工业大学卢守峰提供的工程案例，感谢机械工业出版社为本书出版付出的劳动！

本书在编写过程中参阅和引用了国内外相关的论著和资料等，未能在参考文献中一一列出，在此对相关文献的作者和译者表示由衷感谢！

本书的出版获得了 2021 年江苏省产学研合作项目（BY2021035）、南京信息职业技术学院 2021 年高层次人才科研启动基金项目（YB20211401）的支持。

由于编者水平有限，书中疏漏、不妥之处在所难免，敬请读者批评指正。

编　者

二维码索引

目 录

Contents

绪　论

一、本课程的性质和内容

道路交通控制是交通工程学的主要研究内容之一，是智能交通技术专业的专业核心课程。本课程内容主要是通过道路交通渠化，合理设置交通标志、标线，优化信号配时方案等控制技术来实现对交通流安全、高效的引导。

本课程与其他课程存在密切的关系，其中"交通工程技术"是本课程的基础。

二、本课程的目的和任务

本课程的目的是使学生探索如何通过科学的交通控制技术来有效地改善交通状况，提高交通效率与安全。

本课程的任务是通过道路交通控制项目实训，使学生掌握道路交通信号控制的基本概念、设计方法；交叉口渠化，交通标志、标线设计的思路、方法；道路交通信号机控制及平台操作程序、操作方法；基于 VISSIM 的交通信号配时方案评价的方法；公交优先信号设计的思路和方法。学习本课程后，学生应能够独立地进行交叉口信号配时设计与信号机运行调试，并进行方案评价。

三、道路交通控制的概念

1. 道路交通控制

道路交通控制是指采用交通信号，对道路交通系统中的交通流进行控制，使之畅通有序地运行。《中华人民共和国道路交通安全法》第二十五条规定：交通信号包括交通信号灯、交通标志、交通标线和交通警察的指挥。

2. 交通信号灯

道路交通控制的概念

交通信号是在道路空间上无法实现分离原则的地方（主要是在平面交叉口上），在时间上给交通流分配通行权的一种交通指挥措施。交通信号灯通过轮流显示不同灯色来指挥交通的通行和停止。

现代信号灯除了灯色显示红、黄、绿的基本信号灯之外，又增加了箭头灯和闪烁灯，配有灯色显示的倒计时时间显示信号灯等。

信号灯的次序安排分为竖式和横式两种。竖式设置时自上而下为红灯、黄灯、绿灯；横式设置时从道路中心线一侧向路边为红灯、黄灯、绿灯。

根据相关研究，在未来会增加蓝色信号灯，用于告知普通车辆驾驶人跟随前方的无人驾驶汽车行驶。

道路交通控制的作用和类别

四、道路交通控制的作用

通常道路交通控制主要指交通信号控制，也就是常见的"红绿灯"控制。最初道路交通控制是为了解决交通安全问题，随着交通流量的增加，道路上出现交通拥堵现象，如何减少交通安全事故、缓解交通拥堵、提高交通效率、降低环境污染，成为道路交通控制的目标。

1. 减少交通安全事故，提高交通安全

交通信号控制是在时间上分离冲突的交通流，减少交叉口的冲突点，以此来保障行人、非机动车、机动车的安全。

2. 缓解交通拥堵，提高交通效率

相对于路段而言，交通拥堵通常发生在交叉口处，合理设计信号控制的交叉口，可以提高交叉口的交通流通行效率，提高道路的通行能力。因此，需要通过科学手段，引导交通流合理运行，提高运输效率。

3. 提高公共交通系统的效率和分担率

公共交通运输工具具有载客量大、占用道路空间少的特点，发展公共交通，是世界上公认的缓解交通拥堵的有效途径。道路交通控制中实施公交优先信号控制，使得公共汽车快捷、高效地通过交叉口，是提高公交运力、提高公交吸引力的有效保障。

4. 减少能源消耗，降低车辆对环境的污染

通过优化交通信号配时方案，减少车辆在交叉口的延误、停车次数、排队长度等来减少汽车尾气排放，降低环境污染。

五、道路交通控制的类别

1. 按控制范围分类

（1）单个交叉口的交通控制　每个交叉口的交通控制信号只按照该交叉口的交通情况独立运行，不与其邻近交叉口的控制信号有任何联系的道路交通控制，称为单个交叉口交通控制，也称为单点信号控制，俗称"点控制"。

（2）干线交叉口信号协调控制　把干道上若干连续交叉口的交通信号通过一定的方式联结起来，将各交叉口的配时参数进行优化设计，使得通过该道路上的车流尽可能多地遇到绿灯的道路交通控制，称为干线信号协调控制，也称为"绿波控制"，俗称"线控制"。

（3）区域交通信号控制系统　以某个区域中所有信号控制的交叉口作为协调对象的道路交通控制，称为区域交通信号控制，俗称"面控制"。

控制区域内所控交通信号都受到来自中心控制的集中控制。范围较小的区域，可以采取整区集中控制；范围较大的区域，可以分区分级控制。多个点控制协调则形成线控制，几条线控制协调则形成面控制。

2. 按控制方法分类

（1）定时控制　交叉口信号控制机均按事先设定的配时方案运行的，称为定周期控制。一天按照一个配时方案运行的，称为单段式定时控制；一天按照不同时段的交通流量采用不同配时方案的，称为多段式定时控制。

（2）感应控制　感应控制需要在道路上安装检测器，它是信号灯配时方案可随着检测器检测到的车流信息改变的一种控制方式。根据检测器设置方式不同，感应控制有以下两种：

1）半感应控制：只在交叉口部分进口道上安装检测器的感应控制。

2）全感应控制：在交叉口全部进口道上都安装检测器的感应控制。

城市道路交通信号控制设计

项目描述

交通信号控制系统作为城市智慧交通核心组成部分，其建设具体目标是提高交叉口通行效率、干线协调通行能力和路网交通均衡控制水平，减少交叉口冲突，提高行人过街安全性，提高道路安全性，从而缓解城市交通拥堵、减少交通事故、保证道路安全畅通，同时提高交通管理的科技含量、科学化水平和工作效率。

项目设计将以城市实际需求为出发点，按照满足"技术上的先进性、使用上的稳定性、升级上的可拓展性、应用的兼容性、操作上的友好性"的总体原则进行系统设计。

任务1　单个交叉口信号控制设计

任务描述

通过对某个道路交叉口的交通流量调查或预测，对其交通现状进行评估，分析交通流运行特点，采用定时信号控制或感应信号控制的方法，完成单个交叉口的信号配时方案设计。

学习目标

知识目标

理解定时信号配时和感应信号配时的概念。

技能目标

1. 掌握单个交叉口信号配时设计的参数和计算公式。
2. 熟练应用公式进行单个交叉口信号配时设计。

素养目标

1. 牢固树立"以人为本、生命至上"的理念，培养学生树立交通行业的职业道德规范。
2. 培养学生团队意识，有良好的组织纪律性，有团队合作精神。

 **知识准备**

一、定时信号控制

在通常情况下，交叉口的交通流量分布在一定的时段内是稳定的，在该时段内，交通信号控制参数可以固定不变，因此，我们可以计算一套配时方案在该时段内运行，即定时信号控制。一天内可以根据不同时段交通流量的变化，执行多套配时方案。

1. 控制原理

根据单个交叉口通行条件及交通运行特征，预先设定好交叉口信号控制相位相序、信号配时参数等，形成固定的信号控制方案，由系统在特定时段调用并运行。

2. 适用场景

1）在指定时间段，交叉口各进口道的交通流向和交通流量相对稳定。

2）交叉口在路网中与周边交叉口空间相隔距离较远，或在路网交通中承担相对次要功能。

3. 控制算法设计

定时控制主要基于交叉口各进口道各流向的交通流量确定信号相位方案，基于交叉口的几何线性等确定相序方案，再根据一个周期内各相位的交通流量比与绿灯间隔时间确定最佳周期时长与周期内各相位的绿灯时长。定时控制配时方案设计流程与计算方法如图1-1所示。

（1）配时设计参数 信号相位、信号周期、绿灯时长是固定配时设计的主要参数。

1）信号相位和相序。一股或几股车流，它们在一个信号周期内，不管任何瞬间都获得完全相同的信号灯色显示，那么就把它们获得不同灯色的连续时序称为一个信号相位。信号相位的排列顺序，称为相序。

2）信号周期和最佳信号周期。交通信号灯（红、黄、绿）循环一个周期所用的时间称为信号周期。以车辆总延误最小为优化目标函数，计算得到的周期长度，称为最佳信号周期。

3）绿灯时长和红灯时长。某个相位在一个信号周期内所获得的绿灯显示时间，称为相位绿灯时长。某个相位在一个信号周期内所获得的红灯显示时间，称为相位红灯时长。

信号配时
相关概念

4）绿灯间隔时间。一个相位绿灯结束到下一个相位绿灯启亮之间的间隔时长称为绿灯间隔时间。通常情况下，绿灯间隔时间包括黄灯时长和全红时长。目的是使得已经通过停车线的车辆，能够在下一个相位的车辆到达冲突点之前安全驶离冲突点。

5）饱和流量。当交通信号灯灯色转变为绿色时，由于驾驶人的反应时间和车辆原地起

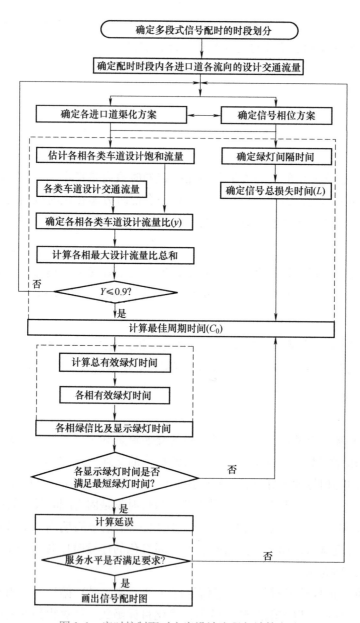

图 1-1　定时控制配时方案设计流程与计算方法

步时间，在停车线后排队的车辆逐渐连续地通过，经过一段时间后，通过停车线的交通流量由零增加到一个稳定的数值，这个稳定的数值即是饱和流量。

（2）配时设计公式　本书中采用韦伯斯特延误理论，即以所有车辆的延误最小为优化目标函数，计算最佳信号周期长度。该理论经过了一系列理论推导、简化和工程实际对比，最终提出的最佳周期长度的计算公式为

$$C_0 = \frac{1.5L + 5}{1 - Y} \tag{1-1}$$

定时信号控制
参数计算

式中　C_0——最佳周期长度（s）；

　　　L——每个周期的总损失时间（s）；

　　　Y——全部相位的最大流量比之和；$Y = \sum y_i$，$y_i = \dfrac{q_i}{s_i}$，y_i是每个相位中，关键车流的交通流量 q_i 与饱和流量 s_i 的比值。关键车流是指每个相位中交通流量比最大的一股车流。

关于饱和流量的确定，韦伯斯特做了大量的试验研究工作，分析了影响饱和流量的相关因素，包括不同类型车辆的影响、不同行驶方向的影响和道路情况等。根据他的研究结果，对饱和流量影响最大的因素是车道宽度。如果进口车道宽度为 5.2~18m，通过交叉口的车辆都视为标准小客车，而且不存在转弯车辆时，饱和流量与车道宽度存在如下关系：

$$S = 525w \tag{1-2}$$

式中　S——饱和流量（pcu/h）；

　　　w——进口道宽度（m）。

而当车道宽度在 3~5.1m 时，饱和流量与车道宽度不再呈现线性关系。不同车道宽度和饱和流量对应关系见表 1-1。

表 1-1　不同车道宽度和饱和流量对应关系

车道宽度/m	3.0	3.3	3.6	3.9	4.2	4.5	4.8	5.1
饱和流量/(pcu/h)	1850	1875	1900	1950	2075	2250	2475	2700

国外和国内在此基础上对饱和流量进行了大量的研究实验，提出了计算车道饱和流量的非线性公式。

在计算饱和流量时，要考虑不同车辆的影响。韦伯斯特提出了一套"折算标准小客车单位"（pcu）的建议，即各种车型的车辆折算成小客车车辆数。各种车型折算为标准小客车换算系数见表 1-2。

表 1-2　各种车型折算为标准小客车换算系数

车型	中型或重型货车	公共汽车	小型货车	有轨电车	摩托车	自行车
折算系数	1.75	2.25	1.00	2.50	0.33	0.20

左转车流对饱和流量的影响主要取决于是否为左转车流设置了专用信号相位，是否有与左转车流冲突的对向直行车流。通常从以下几个方面考虑：

1）没有单独设置专用左转车道，同时也没有对向直行车流存在，此时，整个车道的饱和流量可以不考虑左转车流的影响。

2）设置了专用左转车道，但不存在对向直行车流，此时，左转车流对饱和流量影响主要取决于转弯半径。

3）没有设置专用左转车道，有对向直行车流存在，此时会有三方面的影响：①由于对向车流的影响，左转车通过交叉口时必然受到对向车流的阻滞，不仅自身被延误，跟随其后的车辆也会受阻。②如果进口车道数较多，直行车辆大多不愿驶入混合车道，从而降低了该车道利用率。此两种情况下，韦伯斯特建议将混合车道上每一辆左转车折合为 1.75 辆直行车。③在左转车流的相位绿灯结束之后，可能仍有一部分左转车被滞留在路口中央，这部分车辆要利用绿灯间隔时间驶离交叉口，可能会影响到下一个相位的车流。

对于右转和直行车混合车道，当右转车辆数很少时，不需要考虑右转车的影响。如果混合车道上的右转车辆数超过总车辆数的10%，对于超出部分，可按每辆右转车辆折合为1.25辆直行车考虑。

根据得到的最佳周期长度，可以计算出每个相位的绿灯时长，按照"以车辆延误最小为目标"这一基本原则，即每个相位的有效绿灯时长应与其交通流量比率成正比，计算公式为

$$g_i = \frac{y_i}{Y}(C_0 - L) \tag{1-3}$$

式中　g_i——第 i 个相位的有效绿灯时长（s）；

y_i——第 i 个相位的关键车流的交通流量比率。

有效绿灯时间是实际的绿灯显示时间与黄灯时间之和减去损失时间，即

$$g = G + t_Y - l \tag{1-4}$$

式中　g——该相位的有效绿灯时间（s）；

G——该相位的绿灯显示时间（s）；

t_Y——黄灯时间（s）；

l——该相位的损失时间（s）。

二、感应信号控制

与定时信号控制相比，当交通流量出现较大波动时，感应信号控制能随时改变其配时参数来适应随机的交通需求，从而降低由于车流随机变化采用定时信号控制导致延误的增加和绿灯时间的浪费。即此相位排队很长，而彼相位却无车的情况。

1. 控制原理

感应信号
控制原理

根据前端检测设备测得的交通数据可以改变信号显示时间，这种方式关注的是当前运行相位的交通流量，可随时改变绿灯时长。感应信号控制工作原理如图1-2所示，该相位首先预设一个"最小绿灯时间（又称初期绿灯时间）"，到该时间结束时，如果在一个预置的时间间隔内，无后续车辆到达，则该相位结束；如果在预置的时间间隔内，检测到有车辆到达，则每检测到一辆车，绿灯延长一个"单位绿灯延长时间"。如此往复，在每个预置时间内，如果无车辆到达，则转换相位；如果有车辆到达，则绿灯延长，当绿灯延长到一个预置的"最大绿灯时间"时，即使检测到仍有车辆到达，也中断该相位的通行权。实际的绿灯时间大于最小绿灯时间，小于最大绿灯时间。

注意：检测器能够实时准确地传输数据是该控制方法实施的保证。

2. 适用场景

1）交叉口各进口道车辆到达随机性较强，各交通流向的交通流量变化相对较大，且处于不饱和状态；在交通流量变化大而不规则、难于用定时控制的交叉口，以及在必须降低对主干道干扰的交叉口上。

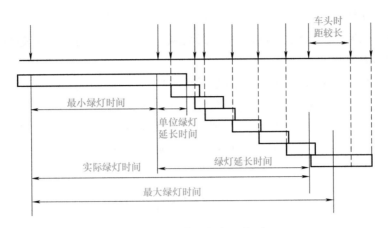

图 1-2　感应信号控制工作原理

2）交叉口进口车道全部或部分设置交通检测器，能实时准确采集交通流特征数据。

3）主次道路相交或相交道路等级、交通流量差异较大时，宜选用半感应控制方式；主路相交、次路相交等相交道路等级相仿时，宜选用全感应控制方式。

3. 控制算法设计

感应信号控制分为半感应信号控制和全感应信号控制。只在部分进口道上设置检测器的感应控制称为半感应控制；其中半感应信号控制又可以分成两种情况，即主路半感应控制和次路半感应控制。所有进口道上都设置检测器的感应控制称为全感应控制。

（1）主路半感应控制　该方式是在主路上设置检测器，相位在感应时间窗口内接收到来自检测器的请求时，则增加一个"单位绿灯延长时间"，以保证车辆能顺利通过该交叉口。半感应控制下默认运行最小绿灯时间，根据车辆检测器信号递进增加绿灯时间，直到没有通行请求或增大到最大绿灯时间。主路半感应控制流程如图 1-3 所示。

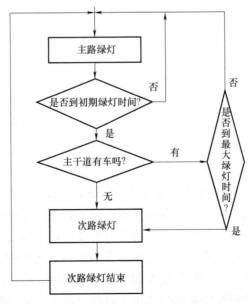

图 1-3　主路半感应控制流程

主路通行的信号相位称为感应相，次路通行的信号相位称为非感应相。最小绿灯时间、单位绿灯延长时间、最大绿灯时间和次路绿灯时间是主路半感应控制的主要参数。

1）最小绿灯时间（初期绿灯时间）$G_{\min}$：主路最小绿灯时间设置由具体的交通流量情况来确定。在最小绿灯结束前判断主路是否有车，若有车，则延长一个"单位绿灯延长时间"，直到达到最大绿灯时间；若无车，相位转换给次路，直到次路绿灯时间结束，通行权再次转换给主路。计算公式为

$$G_{\min} = \max\{G_{\text{ini}}, G_{\text{ped}}\} \tag{1-5}$$

$$G_{\text{ini}} = l + 2 \times \left(\text{int}\frac{S}{6.5}\right)$$

$$G_{\text{ped}} = \frac{w}{v_{\text{p}}}$$

式中　$G_{\min}$——最小绿灯时间（s）；

G_{ini}——检测器与停车线之间的所有车辆通过停车线所需要的时间（s）；

G_{ped}——行人过街时间（s）；

int——取整；

l——启动损失时间（s）；

S——进口道检测器与停车线的距离（m）；

2——车头时距（队列中两辆车的车头通过同一地点的时间差）为2s；

w——人行横道宽度（m）；

v_{p}——行人步速（m/s）；

6.5——队列中两辆车之间的车头间距为6.5m。

2）单位绿灯延长时间：由检测器到停车线之间的距离确定，能够保证车辆从检测器的位置安全通过交叉口所需要的时间，计算公式为

$$\Delta g = \frac{S}{v} \tag{1-6}$$

式中　Δg——单位绿灯延长时间（s）；

S——进口道检测器与停车线的距离（m）；

v——进口道车流运行速度（m/s）。

3）主路最大绿灯时间：可以根据定时信号配时的方法确定最佳的绿灯时间，作为最大绿灯时间。

4）次路绿灯时间：次路绿灯时间根据具体交通情况确定之后固定不变。

（2）次路半感应控制　该方式是在交叉口的次路上安装检测器，次路检测有车时，仅允许次路不影响主路连续通行的前提下，得到基本配时方案内的部分绿灯时间，根据交通检测的结果，次路的绿灯一有可能就尽快结束，初始原则按照最小绿灯时间给予放行；次路上没有车辆时，绿灯将一直分配给主路，保证主路的通畅运行。同样的设置下，也可支持相反逻辑的设置，即当次路上检测到车辆信号就立即进入转换程序，给次路通行权，确保次路上车辆的通行。此种设置通常应用在特殊部门的出入口的道路上，如消防队的出口道路。次路半

感应控制流程如图 1-4 所示。

主路最小绿灯时间、次路初始绿灯时间、次路单位绿灯延长时间和次路最大绿灯时间是次路半感应控制的主要参数。

1）主路最小绿灯时间：根据具体交通流量情况仔细考察确定。实际中，可以根据主路交通流量大小选择，比如交通流量较小时可以选择 25～40s，反之可以选择 40～75s。

2）次路初始绿灯时间：初始绿灯时间的确定通常与车辆检测器与停车线之间的距离有关。该时长能够保证车辆从检测器位置到停车线，并能安全通过交叉口。表 1-3 所列为初始绿灯时间与检测器到停车线距离的关系。这里的数据是根据车辆"点"检测器得到的，点指的是 1.8m×1.8m 的环形线圈。

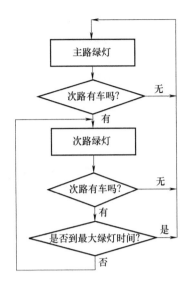

图 1-4 次路半感应控制流程

表 1-3 初始绿灯时间与检测器到停车线距离的关系

停车线到检测器的距离/m	次路初始绿灯时间/s
0～12.2	8
12.5～18.3	10
18.6～24.4	12
24.7～30.5	14
30.8～36.6	16

3）次路单位绿灯延长时间：也与车辆检测器到停车线之间的距离有关。如果该距离较大，则车辆通过交叉口需要的时间较长。可以通过距离除以车速得到单位绿灯延长时间。

4）次路最大绿灯时间：在次路获得通行权后，可能会出现多次的单位绿灯延长时间的情况，为了防止次路绿灯无限延长，就需要给出最大绿灯时间。该时间也可以采用定时信号配时设计出最佳信号周期，再计算分配给次路感应信号相位的绿灯时间，最后将这个时间乘以 1.25～1.50 的系数，即得到最大绿灯时间。

（3）全感应控制 该方式是在所有进口道设置检测器，感应信号相位在感应时间窗口内接收到来自检测器的请求，则增加一个"单位绿灯延长时间"，以保证车辆能顺利通过该交叉口。全感应控制流程如图 1-5 所示。

最小绿灯时间、单位绿灯延长时间和最大绿灯时间是全感应控制的主要参数。其含义与半感应控制的参数相同。

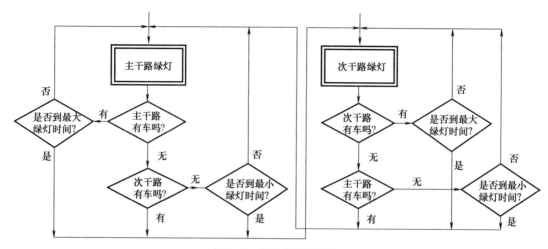

图 1-5　全感应控制流程

道路交叉口的安全靠人人

城市道路中，交叉口是机动车、非机动车、行人的集散点，是交通事故频发的主要节点。一方面交叉口的智能化管理是提高安全性的有效途径，另一方面交通参与者遵守交通法规是提高生命安全的重要保障。

1. 案例一：停车等红灯不越线

《中华人民共和国道路交通安全法实施条例》第六十八条规定，非机动车通过有交通信号灯控制的交叉路口，遇有停止信号时，应当依次停在路口停止线以外。没有停止线的，停在路口以外。

大型车辆往往轴距较长，在转弯过程中存在盲区，且盲区较大。大量电动车和行人在路口等待通行时越过停车线或者安全岛，既影响正常通行秩序，又影响城市的文明水平，更容易导致交通事故的发生。图 1-6 中，电动车停在斑马线外等候通行，大货车右转弯，因为该电动车在大货车的视线盲区，被卷入车下，造成交通事故。

图 1-6　电动车越线停车

2. 案例二：路口红灯不能闯

《中华人民共和国道路交通安全法实施条例》第三十八条规定，红灯亮时，禁止车辆通行。

闯红灯遇上"鬼探头"：图 1-7 中，电动车驾驶人闯红灯进入事发路口，机动车驾驶人正常行驶进入路口，但因停在路口左侧车道的车辆遮挡其视线，未能发现电动车，两车发生碰撞事故。

图 1-7　电动车驾驶人闯红灯

当机动车驾驶人在行驶至"有并行车辆""路侧停满车辆的路段""途径公交站台"等易发生"鬼探头"事故的地点时，要注意观察并减速慢行。若存在视觉盲区，可鸣笛示意周边的车辆与行人。此外，骑行电动车时禁止越线停车、闯红灯、逆行。

"我看马路上没有车我才闯的""这马上就变绿灯了，我就抢先几秒"，这些都是民警在执法时经常听到的闯红灯的理由和借口。可是在交通事故面前，没有借口，只有惨剧。上一秒的侥幸，可能会换来下一刻的不幸。

 **实施与评价**

定时信号
控制案例

一、交叉口定时信号控制设计

某十字交叉口的设计小时交通流量见表 1-4，绿灯间隔时间是 5s，每次绿灯时间内的起动损失为 2s，试为该交叉口设计最佳周期。

表 1-4　某十字交叉口的设计小时交通流量

进口	转向	交通流量/(辆/h)				进口道宽度/m
		小客车	重型货车	公共汽车	摩托车	
北进口	直行和右转	500	100	10	20	7.65
	左转	50	10	0	10	
南进口	直行和右转	400	150	0	30	7.65
	左转	40	30	0	5	
西进口	直行和右转	400	50	5	10	3.65
	左转	300	60	0	20	3.65
东进口	直行和右转	200	180	4	15	3.65
	左转	260	20	0	10	3.65

（1）确定设计交通流量　已知的设计交通流量见表1-4。

（2）确定相位数　根据表1-4中数据可以得出表1-5的车流和对应的相位设计。

表1-5　车流和对应的相位设计

进口	车流	相位设计	相位
南-北向	直行、右转、左转		A
东-西向	直行和右转		B
	左转		C

（3）确定饱和流量、交通流量（折算成标准小客车）和交通流量比　**相位A**，即南北方向，双向进口道宽度均为7.65m，根据式（1-2），其饱和流量为

$$S_S = S_N = 525w = 525 \times 7.65 = 4016 \text{pcu/h} \tag{1-7}$$

将各种类型的车辆折算成标准小客车（表1-2），北进口交通流量为

$$q_N = 500 + 100 \times 1.75 + 10 \times 2.25 + 20 \times 0.33 + (50 + 10 \times 1.75 + 10 \times 0.33) \times 1.75 \tag{1-8}$$
$$= 828 \text{pcu/h}$$

注意：此处如果设有专用左转车道，则不需要乘以左转折算系数1.75。

同理，可以得出南进口交通流量为

$$q_S = 837 \text{pcu/h} \tag{1-9}$$

由于$q_N < q_S$，因此选择南北向最大交通流量比率y_1为

$$y_1 = \frac{q_S}{S_S} = 0.21 \tag{1-10}$$

相位B，即东西向直行和右转，车道宽度均为3.65m，根据表1-1可知饱和流量$S_W = S_E = 1900 \text{pcu/h}$。同理可得

西进口直行和右转交通流量为　　$q_{WTR} = 502 \text{pcu/h} \tag{1-11}$

东进口直行和右转交通流量为　　$q_{ETR} = 529 \text{pcu/h} \tag{1-12}$

由于$q_{WTR} < q_{ETR}$，因此选择东西向直行和右转的最大交通流量比率y_2为

$$y_2 = \frac{q_{ETR}}{S_E} = 0.28 \tag{1-13}$$

相位 C，即东西向左转，同理可得

西进口左转交通流量为 $\qquad q_{WL} = 412\text{pcu/h} \tag{1-14}$

东进口左转交通流量为 $\qquad q_{EL} = 298\text{pcu/h} \tag{1-15}$

由于 $q_{EL} < q_{WL}$，因此选择东西向左转的最大交通流量比率 y_3 为

$$y_3 = \frac{q_{WL}}{S_W} = 0.22 \tag{1-16}$$

因此，该交叉口的交通流量比率 Y 为

$$Y = y_1 + y_2 + y_3 = 0.71 \tag{1-17}$$

（4）计算总损失时间　黄灯时间设为 3s，已知每次绿灯启动损失时间为 2s，绿灯间隔时间内的损失时间为 $t_L = 5\text{s} - 3\text{s} = 2\text{s}$，三个相位的总损失时间 L 为

$$L = (t_L + 2) \times n = (2 + 2) \times 3 = 12\text{s} \tag{1-18}$$

（5）计算最佳周期、绿灯时长　根据式（1-1），计算最佳信号周期为

$$C_0 = \frac{1.5L + 5}{1 - Y} = \frac{1.5 \times 12 + 5}{1 - 0.71} \approx 79 \tag{1-19}$$

根据式（1-3），计算各相位的有效绿灯时长为

$$g_1 = \frac{y_1}{Y}(C_0 - L) = \frac{0.21}{0.71}(79 - 12) \approx 20\text{s} \tag{1-20}$$

$$g_2 = \frac{y_2}{Y}(C_0 - L) = \frac{0.28}{0.71}(79 - 12) \approx 26\text{s} \tag{1-21}$$

$$g_3 = \frac{y_3}{Y}(C_0 - L) = \frac{0.22}{0.71}(79 - 12) \approx 21\text{s} \tag{1-22}$$

根据式（1-4），计算实际绿灯时长为

$$G_A = g_1 - t_Y + l = 20 - 3 + 2 = 19\text{s} \tag{1-23}$$

$$G_B = g_2 - t_Y + l = 26 - 3 + 2 = 25\text{s} \tag{1-24}$$

$$G_C = g_3 - t_Y + l = 21 - 3 + 2 = 20\text{s} \tag{1-25}$$

根据以上计算结果，画出该交叉口信号相位图如图 1-8 所示。

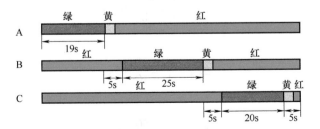

图 1-8　信号相位图

信号配时方案的设计需要根据实际交通状况进行反复论证，不断地修改，最终达到最佳的交通控制效果。

二、交叉口感应信号控制设计

感应信号
控制案例

对表 1-4 涉及的十字交叉口采用感应信号配时进行设计。假设南北进口道设置单个检测器在停车线上游 65m 处，东西进口道设置单个检测器在停车线上游 50m 处，进口道车速为 36km/h。

相位设计：采用固定配时相位设计。

根据式（1-5）计算最小绿灯时间：

（1）相位 A

$$G_{\mathrm{iniA}} = l + 2 \times \left(int\, \frac{S}{6.5} \right) = 2 + 2 \times int\, \frac{65}{6.5} = 22\mathrm{s} \tag{1-26}$$

$$G_{\mathrm{pedA}} = \frac{w}{v_{\mathrm{p}}} = \frac{7.3 \times 2}{1.2} = 12.2\mathrm{s} \tag{1-27}$$

$$G_{\mathrm{minA}} = 22\mathrm{s} \tag{1-28}$$

注意：式（1-27）中的 7.3 为东西进口左转车道和右转车道宽度的和。

（2）相位 B

$$G_{\mathrm{iniB}} = l + 2 \times \left(int\, \frac{S}{6.5} \right) = 2 + 2 \times int\, \frac{50}{6.5} = 16\mathrm{s} \tag{1-29}$$

$$G_{\mathrm{pedB}} = \frac{w}{v_{\mathrm{p}}} = \frac{7.65 \times 2}{1.2} = 12.8\mathrm{s} \tag{1-30}$$

$$G_{\mathrm{minB}} = 16\mathrm{s} \tag{1-31}$$

（3）相位 C

$$G_{\mathrm{iniC}} = l + 2 \times \left(int\, \frac{S}{6.5} \right) = 2 + 2 \times int\, \frac{50}{6.5} = 16\mathrm{s} \tag{1-32}$$

$$G_{\mathrm{minC}} = 16\mathrm{s} \tag{1-33}$$

注意：请思考此处为什么不考虑行人过街时间？

单位绿灯延长时间计算：

（1）相位 A

$$\Delta g_{\mathrm{A}} = \frac{S}{V} = \frac{65}{10} = 6.5\mathrm{s} \tag{1-34}$$

（2）相位 B

$$\Delta g_{\mathrm{B}} = \frac{S}{V} = \frac{50}{10} = 5\mathrm{s} \tag{1-35}$$

（3）相位 C

$$\Delta g_{\mathrm{C}} = \frac{S}{V} = \frac{50}{10} = 5\mathrm{s} \tag{1-36}$$

最大绿灯时间：采用定时信号控制的最佳信号周期得到的绿灯时间乘以 1.5。

（1）相位 A

$$G_{\mathrm{maxA}} = 19 \times 1.5 = 28.5 \approx 29\mathrm{s} \tag{1-37}$$

（2）相位 B

$$G_{maxB} = 25 \times 1.5 = 37.5 \approx 38s \tag{1-38}$$

（3）相位 C

$$G_{maxC} = 20 \times 1.5 = 30s \tag{1-39}$$

请按照"任务工单1 单个交叉口信号控制设计"要求完成本任务。

任务2 干线交叉口交通信号协调控制设计

任务描述

通过对一条主干路上的几个连续十字形交叉口的交通流量调查，分析交通流运行特点，进行车流速度、公共周期和相位差设计，完成多个交叉口的线控协调方案设计。

学习目标

知识目标

1. 理解并掌握相位差、公共周期、绿波带宽度、绿波带速度的概念。
2. 掌握干线交叉口协调控制的控制方式。
3. 掌握干线交叉口协调控制的应用场景。

技能目标

1. 能够应用图解法进行干线交叉口交通信号协调配时设计。
2. 能够应用数解法进行干线交叉口交通信号协调配时设计。

素养目标

1. 培养开拓创新精神，拥有科技报国的情怀。
2. 增强职业责任感，不断地感受和理解岗位责任和社会责任。

知识准备

如果一队车辆行驶在一条道路上，在通过每个交叉口时恰好遇到绿灯，不需要停车再通过，这样会大大提高该条道路上车辆的通行效率，车辆延误时间大大降低，这就是干线交叉口交通信号的协调控制（简称线控或者绿波控制）的基本思想。如果将整个区域内所有交通信号进行协调控制，就形成了区域交通信号控制系统（简称面控）。

1. 控制原理

绿波控制通过协调相邻交叉口之间的周期和相位差，来实现车辆在一定车速条件下通过相邻交叉口而无须等待红灯。根据技术实现的方式和控制的方向，干线绿波控制分为四个控制方案：单向绿波、潮汐绿波、双向绿波和动态绿波。

2. 适用场景

干线绿波控制策略及适用场景见表1-6。

表1-6 干线绿波控制策略及适用场景

绿波方案	适用场景	方案目的
单向绿波	路口间距不宜过大（建议小于1000m） 非机动车干扰较小，机动车行驶速度稳定 单方向交通流量较反向交通流量大，或希望清空某个方向的交通流	单方向交通流疏导
潮汐绿波	适用于潮汐现象明显，主交通流量方向在不同时期不同的道路	不同时期清空不同方向交通流疏导
双向绿波	路口间距不宜过大（建议小于1000m），路口间距越接近，越有利于双向绿波带求解 非机动车干扰较小，机动车行驶速度稳定 双向机动车交通流量稳定，未达到过饱和状态	双向交通流疏导
动态绿波	路口间距不宜过大（建议小于1000m），路口间距越接近，越有利于双向绿波带求解 非机动车干扰较小，机动车行驶速度稳定 机动车交通流量波动较大 交叉口需安装车辆检测器或电子警察，实现协调方向绿波动态联动效果	根据实时交通流状态调节干线车流运行，各相位时长随前端数据的检测实时变动，实现周期内更有效的时间利用
红波带	路口间距不宜过大（建议小于1000m） 存在瓶颈路口	缓解关键路口压力，削减高峰交通流量水平

协调干线的选取主要遵循以下原则：

1) 交叉口间距：间距越大，车队离散现象越严重，线控效果越差，通常不超过1000m。

2) 非机动车影响较小：尽量选择设置有非机动车专用车道的道路，减少对机动车正常运行的干扰。

3) 车队平均行驶速度：根据道路特征及车速分布确定不同路段的设计车速。

4) 协调方向交通流量：交通流量较低或过饱和均不利于协调控制。

需要注意的是，干线绿波控制策略在过饱和状态下实施效果较差，因为路口排队车辆清空会占用一部分绿灯时间，削减绿波带宽度。此情况下，应先对绿波控制子区边缘节点进行截流控制，降低道路饱和度水平，进而结合绿波控制疏导干线交通流，实现干线车辆平均延误和停车次数降低的目标。

3. 控制算法设计

线控制设计时，需要按照单点定时控制的参数计算方法得到公共周期和绿信比，此处还需要相位差的参数。绿波协调控制方案设计流程如图1-9所示。

(1) 配时设计参数 公共周期、绿信比、相位差、绿波带、绿波带速度和绿波带宽度。

1) 公共周期。为了实现绿波协调控制，各交叉口的周期时长必须是统一的。绿波协调控制的每个交叉口需要按照单点定时信号配时方法，计算出每个交叉口的周期时长，选出最大的周期时长作为公共周期，该交叉口称为“关键交叉口”。为了方便协调，一般采用相同的公共周期，只是在个别路口交通流量较小时允许采用不同周期，此时周期可以选为系统周期时长的一半。

2）绿信比。一个信号相位的有效绿灯时长与周期时长的比值称为绿信比。各交叉口分别计算各自的绿信比。

3）相位差。相位差也称“时差”，分为绝对时差和相对时差。

绝对时差（O_C）：指各个信号的绿灯或红灯的起点或中点相对于某一个标准信号绿灯或红灯的起点或中点的时间之差。

相对时差（O_{CB}）：相邻两信号的绿灯或红灯的起点或中点之间的时间之差。相对时差等于两个信号绝对时差之差。

绿波控制能够协调相邻交叉口的信号，使大部分车辆以一定的行驶速度连续通过几个交叉口。绿波控制中，下游交叉口的绿灯信号通过设定相位差进行协调。

进行交通调查和相关资料收集
确定交叉口的渠化及初步配时方案
确定关键叉口和系统周期时长
优化各交叉口绿信比和绿灯显示时间
确定系统推进速度并进行系统求解
确定系统的绿波带宽度和信号时差
进行系统试运行、系统调整、系统评价
系统方案是否为最优?
否
是
结束

图1-9 绿波协调控制方案设计流程

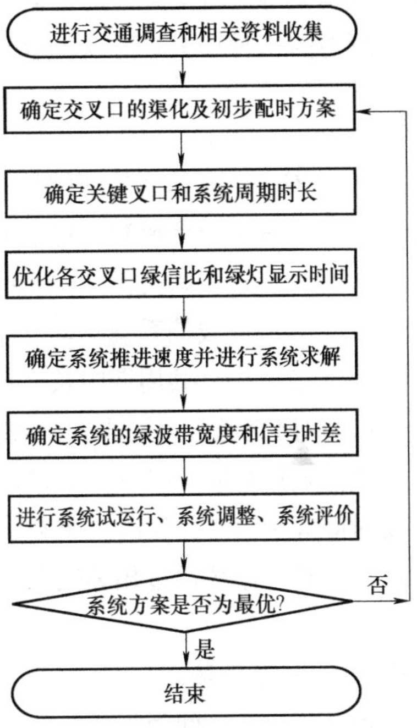

4）绿波带。在时间-距离图上画两条平行的车辆行驶轨迹线，如图1-10所示，并尽可能使两根轨迹分别位于靠近各交叉口该信号绿灯时间的开始点和结束点，则两条轨迹线之间的空间称为绿波带。

5）绿波带速度。在图1-10中，车辆行驶轨迹的余切，表示沿交通干道可以顺利通过交叉口车辆的平均行驶速度，即绿波带速度。

6）绿波带宽度。在图1-10中，两根平行轨迹纵坐标之差即为绿波带宽度，它表示可供车辆使用以通过交叉口的时间。

时间/s
绿波带轨迹线
绿波带宽B
绿波带速度
相位差O_{CB}
相位差O_C
A
B
C
D
距离/m
红灯
绿灯

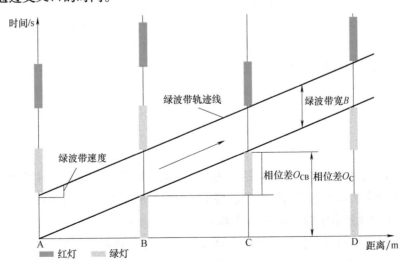

图1-10 时间-距离图

影响以上参数的因素包括：交叉口交通流量、车流的离散性和沿途交通流量的变化。

（2）协调控制方式　考虑单向交通和双向交通两种情形下绿波参数的设计。

1）单向交通。对于单向交通道路，或者双向交通流量相差悬殊时，通常情况下，理想的相位差使得上游交叉口的车辆到达下游交叉口时，下游交叉口信号恰巧变为绿灯显示。由此，理想的相对相位差可以表示为

$$O = mod\left(\frac{s}{v}, C\right) \tag{1-40}$$

式中　　O——相邻信号间的相位差（s）；
$mod(a, b)$——求余函数，即取 a 整除 b 后的余数；
　　　　s——相邻交叉口停车线间的间距（m）；
　　　　v——线控系统车辆可连续通行的车速（m/s）；
　　　　C——公共周期时长（s）。

2）双向交通，为同步式协调控制。

该方式是在同一时刻对干道协调相位交通流显示相同的灯色。当车辆在相邻交叉口间的行驶时间等于信号周期时长整数倍时，这些交叉口正好可以组成同步式协调控制，如图 1-11 所示，车辆可连续通过相邻交叉口，此时相邻交叉口间距符合如下关系：

$$s = nCv \tag{1-41}$$

式中　n——正整数。

当相邻交叉口间距很短，而且沿干道方向的交通流量远大于相交道路交通流量时，可把相邻的交叉口看成一个交叉口，采用同步式协调控制，即采用相同的配时方案和绿灯启亮时刻。

当干道交通流量特别大，高峰小时交通流量接近通行能力，下游交叉口红灯车辆排队有可能延长到上游交叉口时，将这些交叉口组成同步式协调系统，可避免该情况的发生。

3）双向交通，为交互式协调控制。

该方式是在同一时刻对干道协调相位车流显示相反的灯色。当车辆在相邻交叉口间的行驶时间等于信号周期时长一半的奇数倍时，这些交叉口正好可以组成交互式协调控制，如图 1-12 所示，车辆可连续通过相邻交叉口，此时相邻交叉口间距符合如下关系：

$$s = m\frac{1}{2}Cv \tag{1-42}$$

式中　m——奇数。

（3）配时方案设计步骤

1）各交叉口配时。按照单点定时控制的配时方法，确定每个交叉口的周期时长。

2）选择关键交叉口和系统周期时长。将1）中周期时长最大的交叉口作为关键交叉口，以此周期时长作为线控系统的备选系统周期时长（公共周期）。

3）确定关键交叉口各相位绿灯时间。该交叉口的主干路相位的显示绿灯时间就是各交叉口上对主干路方向所必须保持的最小显示绿灯时间，有如下关系：

$$g_m = g_{me} - I_m + l \tag{1-43}$$

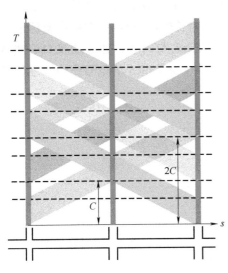

图 1-11 同步式协调控制

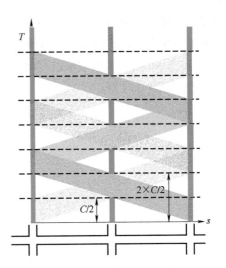

图 1-12 交互式协调控制

$$g_{me} = (C_m - L_m) \times \frac{\max[y_m, y'_m]}{Y_m} \tag{1-44}$$

式中　g_m——关键交叉口主干路方向的显示绿灯时间（s）；

　　　g_{me}——关键交叉口主干路方向的有效绿灯时间（s）；

　　　I_m——关键交叉口绿灯间隔时间（s）；

　　　l——起动损失时间（s）；

　　　C_m——系统周期时长（s）；

　　　L_m——关键交叉口总损失时间（s）；

　y_m、y'_m——关键交叉口上主干路双向交通流量比；

　　　Y_m——关键交叉口最大交通流量比之和。

4）协调非关键交叉口各相位绿灯时间。计算非协调相位的最小绿灯时间：根据第3）步的计算方法计算非关键交叉口上次要道路（非协调相位）方向的显示绿灯时间，是该交叉口对次要道路所必须保持的最小绿灯显示时间。为达到系统协调效果，非关键交叉口周期时长均采用公共周期，其主干路方向（协调相位）的绿灯显示时间不应短于关键交叉口主干路方向（协调相位）的绿灯时间。因此，非关键交叉口次要道路方向（非协调相位）的最小绿灯时间确定后，富余的绿灯时间全部加给主干路方向，以增加绿波带宽度。

5）计算相位差。协调线控系统的关键是协调相邻信号间的相位差，常用的方法有：图解法、数解法和 MAXBAND 等，下面将详细介绍前两种方法。为直观反映线控系统的配时方案，通常我们将相位差信息显示在时间-距离图上。

（4）相位差设计

1）图解法。通过几何作图的方法，利用反映车流运动的时间-距离图，初步建立交互式或同步式协调系统，然后再对绿波带速度和周期时长进行反复调整，从而确定相位差，最终获得一条理想的绿波带。

如图 1-13 所示，相邻五个交叉口（A、B、C、D、E）被纳入一个线控系统，根据调整系统绿波带速度宜在 36km/h 左右，相应的系统周期时长暂定为 60s。图中横坐标表示交叉口之间的距离，纵坐标表示时间。各竖线上的粗线段表示红灯时长，如 A 交叉口竖线 AA′上的1—2、3—4、5—6 段，细线表示红灯时长。选定第一个交叉口 A 的信号作为基准信号，其绿灯时间起始位置为 0 时刻。

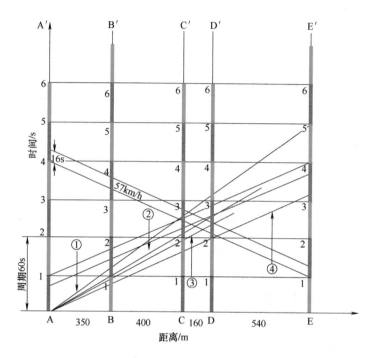

图 1-13　相位差优化图解法示例

步骤一：从 A 点引一条斜线①表示绿波带速度，其斜率等于车辆平均行驶速度（36km/h）的倒数。此斜线与线 BB′的交点，与从 AA′上 1 点所引水平线同 BB′的交点（BB′线上的 1 点）很接近。BB′上的 1 点可取为 B 交叉口与 A 交叉口配成交互式协调的绿灯起点；在 BB′上相应于 AA′线画出 2—3、4—5 粗线段，为 B 交叉口的红灯时段。

步骤二：连接 A 点和线 BB′上的 1 点成斜线②，斜线②同 CC′的交点，与从 AA′上 2 点所引水平线同 CC′的交点（CC′线上的 2 点）很接近。CC′上的 2 点也可取为 C 交叉口对 B 交叉口组成交互式协调的绿灯起点；在 CC′上画出 1—2、3—4、5—6 粗线段，为 C 交叉口的红灯时段。

步骤三：连接 A 点和线 CC′上的 2 点成斜线③，斜线③同 DD′的交点，与从 AA′上 2 点所引水平线同 DD′的交点（DD′线上的 2 点）很接近。所以 C 交叉口对 D 交叉口是同步式协调，在 DD′上画出 1—2、3—4、5—6 粗线段，为 D 交叉口的红灯时段。

步骤四：以下用同样的方法在线 EE′上做出红灯粗线段。这样就配成各交叉口由交互式与同步式组合成的双向线控系统。

步骤五：在图上做出最后绿波带，算得绿波带速度约为 57km/h，绿波带宽度为 16s，约为周期时长 60s 的 27%。这样的绿波带速度和实际车速相比过高，为了降低绿波带速度，有必要相应加长周期时长，为使绿波带速度控制在 40km/h 左右，延长周期时长到 85 ~ 90s。

步骤六：调整绿信比。实际上，各交叉口的绿信比都不相同，可用以下方法进行调整：不移动上述方法求得的各交叉口的红灯（或绿灯）的中心位置，只将红灯（或绿灯）的时间按实际绿信比延长或缩短即可。

2）数解法。通过寻找使得系统中实际信号位置距离理想信号位置的最大挪移量最小来获得最优相位差控制方案。

设有 A、B、C、D、E、F、G、H 八个交叉口，它们之间的距离列于表 1-7 中，A、B 交叉口之间的距离为 350m，B、C 之间为 400m 等，为计算方便取有效数字 35、40 等。算得关键交叉口周期时长为 80s，相应的绿波带速度暂定为 40km/h（11.1m/s）。

表 1-7 数解法确定信号相位差

a	A	B	C	D	E	F	G	H
				间距				
	35	40	16	54	28	28	27	b
34	1	7	23	9	3	31	24	14
35	0	5	21	5	33	26	18	13
36	35	3	19	1	29	21	12	9
37	35	1	17	34	25	16	6	10
38	35	37	15	31	21	11	0	11
39	35	36	13	28	17	6	33	11
40	35	35	11	25	13	1	28	12
41	35	34	9	22	9	37	23	13
42	35	33	7	19	5	33	18	14
43	35	32	5	16	1	29	13	13
44	35	31	3	13	41	25	8	12
45	35	30	1	10	38	21	3	11
46	35	29	45	7	35	17	44	12
47	35	28	44	4	32	13	40	15
48	35	27	43	1	29	9	36	18
49	35	26	42	47	26	5	32	21
50	35	25	41	45	23	1	28	22
51	35	24	40	43	20	48	24	20
52	35	23	39	41	17	45	20	17
53	35	22	38	39	14	42	16	14
54	35	21	37	37	11	39	12	15

① 计算 a 列。计算 $vC/2 \approx 11 \times 80/2 = 440$m（取有效数字 44）。也就是说，相距 440m 信号的时差，正好是交互式协调的时差（错半个周期）；相距 880m 信号的时差，正好是同步式协调的时差（错一个周期）。以 A 为起始信号，则其下游同 A 相距 $sC/2$、sC、$3sC/2$ …… 处，

即为正好能组成交互式协调或同步式协调的"理想信号"的位置。考察下游各实际信号位置同各理想信号错移的距离，显然，此错移距离越小则信号协调效果越好。然后将 $sC/2$ 的数值在实用允许范围内变动，逐一计算寻求协调效果最好的各理想信号的位置，以求得实际信号间协调效果最好的双向时差。以 44 ± 10 作为最适当的 $sC/2$ 的变动范围，即 $34\sim54$，将此范围填入表 1-7 左边的 a 列内，a 列内各行数字即为假定"理想信号"位置的间距。

② 计算 a 列各行。画一横轴，按比例标上 A—H 各个交叉口及其间距，以表 1-7 中的 a 列数值为理想信号位置的距离间隔，在图 1-14 中，从 A 点出发向右画等距离的折线 a、b、c……。如 $a=34$ 时，$ab=b'c=c'd=\cdots\cdots=34$。

从图 1-14 中查出各交叉口与前一个理想信号位置的间隔距离，填入表 1-7 中相应的位置。以 $a=34$ 为例，A、B 交叉口实际间距为 35，与理想信号位置间距 34 差值为 1，将 1 填入 AB 间的一列内，即 B 同理想信号位置的错移距离为 1，B 前移 10m 就可以与 A 组成交互式协调。B、C 原间距为 40，B 与第一个理想信号位置 b 相差 1，C 与第二个理想信号位置相差 7，即 C 同其理想信号位置的错移距离为 7，将 7 填入 B、C 间的一列内。以此类推，计算至 G、H 间的列，$a=34$ 这一行计算结束。

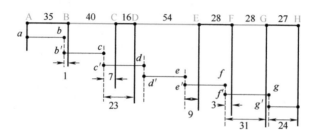

图 1-14 a 取 34 时的实际信号位置与理想信号位置的对应图

以下再计算 a 列内 $a=35\sim54$ 各行，同样把计算结果记入相应的位置内。

除了绘图外，也可以直接计算。例如，B 点与第一个理想信号位置的差值是 $35-1\times34=1$；C 点与第二个理想信号位置的差值是 $(35+40)-2\times34=7$。以此类推，可求出 $a=35$ 行—54 行各行的距离间隔数值，分别填入表 1-7 中。

③ 计算 b 列。以 $a=34$ 一行为例，将实际信号位置与理想信号位置的挪移量按顺序排列（从小到大），计算各相邻挪移量之差，将此差值最大者计入 b 列。$a=34$ 一行的 b 值为 14。计算方法见表 1-8。

表 1-8 计算方法

A	B	F	C	E	D	H	G	A
0	1	3	7	9	23	24	31	34
	1	2	4	2	14	1	7	3

以此类推，计算 $a=35$ 行—54 行各行的 b 值。

④ 确定最合适的理想信号位置。由表 1-7 可知，当 $a=50$，$b=22$ 时，A—H 各信号到理想信号位置的相对挪移量最小，即当 $vC/2=500$m 时可以得到最好的系统协调效率。如图 1-15 所

示，图上 G—F 与理想信号位置之间的挪移量之差最大，则理想信号位置与 G 间的挪移量为 $(a-b)/2 = (50-22)/2 = 14$，即各实际信号位置距理想信号位置的最大挪移量为 14。

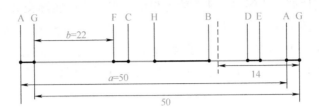

图 1-15　理想信号位置

理想信号位置距 G 为 140m，则距 A 为 130m，即自 A 前移 130m 即为第一理想信号位置，然后依次每 500m 间距将各理想信号位置列在各实际信号位置之间，如图 1-16 所示。

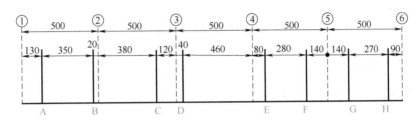

图 1-16　理想信号位置与实际信号点的相对位置（m）

⑤ 作连续行驶绿波带。在图 1-16 中将理想信号位置编号，按次列在最靠近的实际信号位置下面（表 1-9 第 2 行），再将各信号（A—H）在理想信号位置的左右位置填入表 1-9 第 3 行。将各交叉口信号配时计算所得的主干路绿信比 λ（以周期的百分数计）列入表 1-9 第 4 行。因实际信号位置与理想信号位置不一致所造成的绿灯损失（%）以其位置挪移量除以理想信号位置间距（即 $a=500$）表示，如 A 交叉口的绿灯损失为 130/500 = 26%，列入表 1-9 第 5 行。

各交叉口的计算绿信比减去损失即为各交叉口的有效绿信比，列入表 1-9 第 6 行，则连续绿波带宽度为左、右两端有效绿信比最小值的平均值。从表 1-9 中可知，连续绿波带宽度为 A 交叉口的有效绿信比 29% 与 H 交叉口的有效绿信比 32% 的平均值 30.5%。

表 1-9　数解法确定信号相位差

交叉路口	A	B	C	D	E	F	G	H
理想信号位置编号	①	②	③	③	④	⑤	⑤	⑥
各信号位置	右	左	左	右	右	左	右	左
绿信比 λ（%）	55	60	65	65	60	65	70	50
绿灯损失（%）	26	4	24	8	16	28	28	18
有效绿信比（%）	29	56	41	57	44	37	42	32
相位差（%）	72.5	20.0	67.5	67.5	20.0	67.5	65.0	25

⑥ 求相位差。从图 1-16 及表 1-9 可见，和合用一个理想信号点的左右相邻的实际交叉口采用同步式协调，其他各实际交叉口间都用交互式协调，因此，每隔一个理想信号点的实际交叉口又是同步式协调。此例中，凡奇数理想信号点对应的实际交叉口为同步式协调，而偶数理想信号点对应的实际交叉口为交互式协调。因此，相应于奇数理想信号位置的实际交叉口的相位差为 $100\% \sim 0.5\lambda\%$，相应于偶数理想信号位置的实际交叉口的相位差为 $50\% \sim 0.5\lambda\%$，将求得的相位差填入表 1-9 第 7 行。如果保持原定周期时长，则系统绿波带速度需调整为

$$v = 2s/C = 2 \times 500/80 = 12.5 \text{m/s} = 45 \text{km/h} \tag{1-45}$$

注意：希望同学们通过图解法和数解法的练习，能够深刻理解影响相位差设计的因素。

交叉路口的"转弯"

在路上开车，转弯和直行谁先走？

交警明确告诉你，答案就是转弯让直行！

根据《中华人民共和国道路交通安全法实施条例》第五十一条第七款的规定，在没有方向指示信号灯的交叉路口，转弯的机动车让直行的车辆、行人先行。相对方向行驶的右转弯机动车让左转弯车辆先行。

在南京市部分路口非机动车、行人绿灯直行时会与允许右转通行的机动车发生冲突，根据《中华人民共和国道路交通安全法实施条例》的相应让行规则，机动车右转时应当注意观察是否有行人或非机动车通行，如果此时行人、非机动车为绿灯通行，右转机动车未停车让行的将被罚。值得提醒的是，非机动车、行人也应遵守交通信号指示，不越线停车不闯红灯。

未按规定让行的交通事故通常存在四种情形，分别是转弯未让直行、无灯控路口未让右侧车辆先行、右转弯车辆未让对向左转弯车辆先行以及人行横道上行人先行。根据分析，未按规定让行的交通事故中，致人重伤、死亡的交通事故绝大多数发生在机动车右转弯过程中。

1. 案例一

大部分未按规定让行事故发生在交通流量相对适中的平交路口。这类路口通常为圆盘信号灯，不对右转弯车辆进行单独控制。因此在当绿灯放行时，右侧直行非机动车、行人与右转弯机动车存在一定冲突。右转弯车辆稍不注意，未停车让行可能就会导致惨剧的发生。图 1-17 中所示为一右转弯车辆未按照规定让行行人。

2. 案例二

哪个瞬间让你觉得自己运气好到爆？连续碰上绿灯！一路绿灯真的是靠人品？2022 年交管工作会议上，各个城市纷纷展示了绿波带给交通效率的提升做出的贡献。

图1-17 车辆未按规定让行行人

图1-18所示是南京市2021年片区的绿波带示意图。早晚高峰流量较大，并且潮汐性明显，使用高峰单向绿波带，平峰双向绿波带，设置后交警实际驾驶检验了协调效果，体验到了"一路绿灯"！如邺城路按时段实施双向绿波方案后，在平峰时段，按照40km/h左右的绿波设计通行速度，可双向不停车通过，行程时间为约3min 45s，比原来减少约1min 25s，且拥有28s的绿波带宽度，占周期时间的31%以上，提升了大部分车流的通行效率。目前各个城市正在向绿波成"网"的步伐前进。为提升群众的交通出行获得感，保障群众舒心出行，智慧交通技术提供保驾护航。

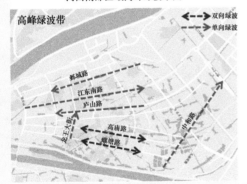
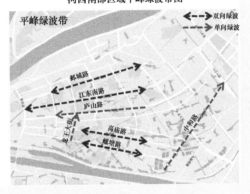

图1-18 南京市2021年片区的绿波带示意图

🖊 实施与评价

一、图解法

某主干路上有A、B、C三个交叉口，间距依次为860m和360m，根据交叉口的交通流量信息计算各个交叉口的周期时长分别为$C_A = 145s$，$C_B = 148s$，$C_C = 145s$；各个交叉口协调相位的绿信比分别为$\lambda_A = 0.28$，$\lambda_B = 0.39$，$\lambda_C = 0.33$。车辆在干道上的平均行驶速度为$v = 36km/h$。根据已知条件进行干道绿波控制设计。

1）根据线控的基本要求，初定系统公共周期为148s。

2）画出时空图坐标轴。横轴表示距离，纵轴表示时间，如图 1-19 所示。

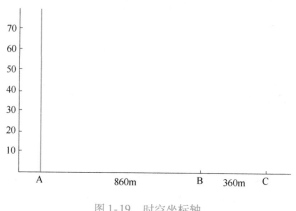

图 1-19　时空坐标轴

3）确定各路口是采用交互式协调还是同步式协调。首先以协调相位绿信比为 50%，在纵轴上画出 A 路口各周期的绿灯时段，如图 1-20 所示。

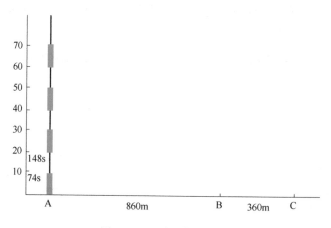

图 1-20　A 路口绿灯时段

然后从原点 A 画出平均速度斜线与交叉口 B 的纵轴相交于点 1，如图 1-21 所示，该斜线的斜率的倒数，即速度为 36km/h = 10m/s，10m/s × 74s = 740m，斜线经过点（740m，74s），交点 1 与虚线很近，因此 B 交叉口与 A 交叉口采用交互式协调；画出 B 交叉口绿灯时段，如图 1-22 所示。

B 轴与第一条虚线的交点为 1'，如图 1-23 所示，连接 A 点与 1'并延长与 C 轴相交，交点为 2，该点与第一条虚线更接近，因此 C 交叉口与 B 交叉口进行同步式协调，画出 C 交叉口绿灯时段，如图 1-24 所示。此时各交叉口的绿灯时段是按照 50% 的绿信比得到的，下面将按照实际的绿信比调整绿灯时段。

4）按照绿信比确定相位差。根据配时方案的绿信比修改交叉口 A 的绿灯时段：纵坐标20 表示周期长度148s，纵坐标 10 表示绿灯时段74s，即 $20 \times \lambda_A = 20 \times 0.28 = 5.6$，$10 - 5.6 = 4.4$，A 交叉口的绿灯时段中心点不变，上下分别减掉2.2，因此 A 交叉口相对于起点 0 时刻的相位差为 $2.2 \times 7.4s \approx 16s$。

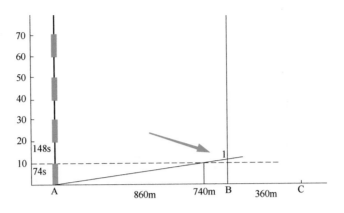

图 1-21　B 交叉口交点 1

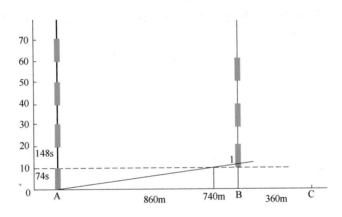

图 1-22　B 交叉口绿灯时段

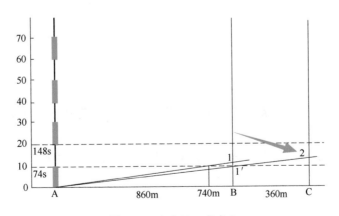

图 1-23　C 交叉口交点 2

　　根据配时方案的绿信比修改交叉口 B 的绿灯时段：$20 \times \lambda_B = 20 \times 0.39 = 7.8$，$10 - 7.8 = 2.2$，B 交叉口的绿灯时段中心点不变，上下分别减掉 1.1，因此 B 交叉口相对于起点 0 时刻的相位差为 $(10 + 1.1) \times 7.4 \mathrm{s} \approx 82 \mathrm{s}$。

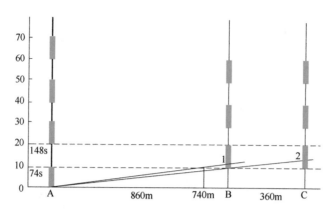

图 1-24　C 交叉口绿灯时段

根据配时方案的绿信比修改交叉口 C 的绿灯时段：$20 \times \lambda_C = 20 \times 0.33 = 6.6$，$10 - 6.6 = 3.4$，C 交叉口的绿灯时段中心点不变，上下分别减掉 1.7，因此 C 交叉口相对于起点 0 时刻的相位差为 $(10 + 1.7) \times 7.4s \approx 87s$。

画出各个交叉口根据绿信比调节后的绿灯时长，给出绿波带宽度，如图 1-25 所示。

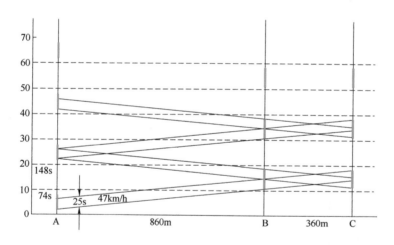

图 1-25　绿波带宽度和速度

5）调节车速寻找合适的绿波带宽度。按照以上方法调整绿波带速度，作图求得绿波带宽度的最优值。

注意：调整的绿波带速度要符合实际，不能超过道路的设计速度。

二、数解法

某主干路上有 A、B、C 三个交叉口，间距依次为 860m 和 360m，根据交叉口的交通流量信息计算各个交叉口的周期时长分别为 $C_A = 145s$，$C_B = 148s$，$C_C = 145s$；各个交叉口协调相位的绿信比分别为 $\lambda_A = 0.48$，$\lambda_B = 0.39$，$\lambda_C = 0.33$。车辆在干道上的平均行驶速度为 $v = 36km/h$。根据已知条件进行干道绿波控制设计。

1）根据线控的基本要求，初定系统公共周期C_0为148s。

2）计算a列。先计算$vC_0/2 = 10 \times 148/2 = 740$m（为简化取74），以$74 \pm 10$作为最适当的$vC_0/2$的变动范围，即$64 \sim 84$，将此范围填入表1-10左边的$a$列，$a$列内的数字即为假定"理想信号"的间距。

3）计算a列各行。以$a = 64$为例，A、B交叉口实际间距为86，B点与第一个理想信号位置的差值是$86 - 1 \times 64 = 22$，填入第二列中；C点与第二个理想信号位置的差值是$(86 + 36) - 2 \times 64 = -6$，即C交叉口后移60m，才同其理想信号点相合，若不后移，则将同B交叉口组成同步式协调，此时C距B（第一个）理想信号点为$(86 + 36) - 1 \times 64 = 58$，填入第三列中；以此类推，可求出$a = 64 \sim 84$各行的距离间隔数值，分别填入表1-10中。

表1-10　数解法确定信号相位差

A	B	C	
		间距	
a	86	36	最大挪移间距b
64	22	58	36
65	21	57	36
66	20	56	36
67	19	55	36
68	18	54	36
69	17	53	36
70	16	52	36
71	15	51	36
72	14	50	36
73	13	49	36
74	12	48	36
75	11	47	36
76	10	46	36
77	9	45	36
78	8	44	36
79	7	43	36
80	6	42	38
81	5	41	40
82	4	40	42
83	3	39	44
84	2	38	46

4）计算b列。以$a = 64$为例，将实际信号位置与理想信号位置的挪移量按顺序排列（从小到大），计算各相邻挪移量之差，将此差值最大者计入b列。$a = 64$一行的b值为36。计算方法见表1-11。

表 1-11　计算方法

A	B	C	A
0	22	58	64
22		36	6

以此类推，计算 $a = 65 \sim 84$ 各行的 b 值。

5）确定最合适的理想信号位置。由表 1-10 可知，当 $a = 84$，$b = 46$ 时，A—C 各信号到理想信号位置的相对挪移量最小，即当 $vC_0/2 = 840\mathrm{m}$ 时可以得到最好的系统协调效率。如图 1-26 所示，图上 C—A 与理想信号位置之间的挪移量之差最大，则理想信号位置与 C 间的挪移量为 $(a-b)/2 = (84-46)/2 = 19$，即各实际信号位置距理想信号位置的最大挪移量为 190m。

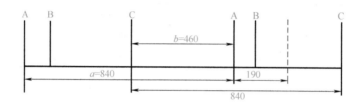

图 1-26　理想信号位置（m）

注意：这个 $(a-b)/2$ 的值相等的有多个，因此，我们计算的位置不一定是最优的结果！

理想信号位置距 A 为 190m，即自 A 后移 190m 即为第一理想信号位置，然后依次每840m 间距将各理想信号位置列在各实际信号位置之间，如图 1-27 所示。

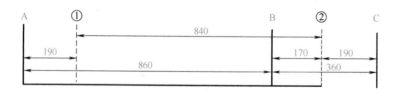

图 1-27　理想信号位置与实际信号点的相对位置（m）

6）作连续行驶绿波带。在图 1-27 中将理想信号位置编号，按次列在最靠近的实际信号位置下面（表 1-12 第 2 行），再将各信号（A～C）在理想信号位置的左右位置填入表 1-12第 3 行。将各交叉口信号配时计算所得的主干路绿信比（以周期的百分数计）列入表 1-12 第4 行。实际信号位置与理想信号位置不一致所造成的绿灯损失（%）以其位置挪移量除以理想信号位置间距（即 $a = 840$）表示，A 交叉口的绿灯损失为 $190/840 \approx 23\%$，B 交叉口的绿灯损失为 $170/840 \approx 20\%$，C 交叉口的绿灯损失为 $190/840 \approx 23\%$ 列入表 1-12 第 5 行。

各交叉口的计算绿信比减去损失即为各交叉口的有效绿信比，列入表 1-12 第 6 行，则连续绿波带宽度为左、右两端有效绿信比最小值的平均值。从表 1-12 中可知，连续绿波带宽度为 A交叉口的有效绿信比 25% 与 C 交叉口的有效绿信比 10% 的平均值，即 $w = (25\% + 10\%) \times 100/2 = 17.5\mathrm{s}$。

表 1-12 数解法确定信号相位差

交叉路口	A	B	C
理想信号位置编号	①	②	②
各信号位置	左	左	右
绿信比 λ （%）	48	39	33
绿灯损失 （%）	23	20	23
有效绿信比 （%）	25	19	10
相位差 （%）	76.0	30.5	33.5

7）求相位差。从图 1-27 及表 1-12 可见，B 和 A 采用交互式协调，合用一个理想信号点的左右相邻的实际交叉口采用同步式协调，即 B 和 C 采用同步式协调。因此，相应于奇数理想信号位置的实际交叉口的相位差为 100%~0.5λ%，相应于偶数理想信号位置的实际交叉口的相位差为 50%~0.5λ%，将求得的相位差填入表 1-12 第 7 行。如果保持原定周期时长，则系统绿波带速需调整为

$$v = 2s/C_0 = 2 \times 840/148 \approx 11.4 \text{m/s} \approx 41 \text{km/h} \tag{1-46}$$

请按照"任务工单 2 干线交叉口交通信号协调控制设计"要求完成本任务。

项目2

道路交通标志和标线认知

 项目描述

  道路交通标志和标线是引导道路使用者有秩序地使用道路，以促进道路交通安全、提高道路运行效率的基础设施，用于告知道路使用者道路通行权力，明示道路交通禁止、限制、遵行状况，告示道路状况和交通状况等信息。

  依据《道路交通标志和标线》（GB 5768—2009）《中华人民共和国道路交通安全法实施条例》《城市道路交通标志和标线设置规范》（GB 51038—2015）《城市道路交通组织设计规范》（GB/T 36670—2018）《城市道路交叉口规划规范》（GB 50647—2011）《城市道路交叉口设计规程》（CJJ 152—2010）等国家标准规范，根据道路条件、交通流条件、交通环境、道路使用者的需求及交通管理的需求进行城市道路交叉口设计、交通标志、标线和设施设计，并应与周边的设施环境和景观条件相协调，处理好人、车、路、环境之间的关系，立足道路交通有序、安全、畅通的原则，并保持标志和标线清晰、醒目、准确。

任务3　城市道路交叉口渠化设计

任务描述

  针对一个交通状况较复杂的交叉口，进行交通流量、交通渠化和交通配时方案等的现状调查，分析该交叉口的渠化设计方案，并分析该交叉口存在的交通渠化设计的问题。

学习目标

知识目标
1. 掌握平面交叉口类型和相关基本概念。
2. 了解平面交叉口相关设计规范。

技能目标

1. 能够熟练地分析交叉口的渠化设计方案。

2. 能够查询城市道路交叉口相关规范用于方案设计。

素养目标

1. 遵循"科学发展观",确立"以人为本"的核心理念,交叉口渠化设计必须在保障交通安全的前提下提高通行效率,充分重视行人与非机动车骑车人的安全保障,设计中体现精益求精的大国工匠精神。

2. 树立规范意识,遵守现行的各种设计规范要求。

一、平面交叉口的相关概念

道路在同一平面上相交的地方称为平面交叉口。在平面交叉口,车辆从上游路段驶入交叉口的一段车行道称为进口道,车辆从交叉口驶入下游路段的一段车行道称为出口道。

1. 城市道路分级

按道路在道路网中的地位、交通功能以及对沿线的服务功能等,城市道路分为快速路、主干路、次干路和支路 4 个等级。

1)快速路设置中央分隔带、全部控制出入口,控制出入口间距及形式,实现交通连续通行,单向设置不少于两条车道,并设有配套的交通安全与管理设施。

2)主干路在城市道路网中起骨架作用,连接城市各主要分区,以交通功能为主。

3)次干路为城市道路网中的区域性干路,与主干路结合组成干路网,以集散交通的功能为主,兼有服务功能。

4)支路将次干路与居住区、工业区、交通设施等内部道路相连接,解决局部地区交通,以服务功能为主。

各级道路的设计速度见表 2-1。

表 2-1 各级道路的设计速度

道路等级	快速路			主干路			次干路			支路		
设计速度/(km/h)	100	80	60	60	50	40	50	40	30	40	30	20

平面交叉口内的设计速度为路段的 0.5 ~ 0.7 倍。

2. 平面交叉口的类型

交叉口类型可以从以下方面进行分类:

(1)按城市大小与相交道路类型分类 我国现行《城市道路交叉口规划规范》(GB 50647—2011)的规定见表 2-2—表 2-4。

表 2-2　特大城市与大城市交叉口按相交道路类型的分类

相交道路	快速路	主干路	次干路	支路
快速路	快-快交叉口	—	—	—
主干路	快-主交叉口	主-主交叉口	—	—
次干路	快-次交叉口	主-次交叉口	次-次交叉口	—
支路	—	主-支交叉口	次-支交叉口	支-支交叉口

表 2-3　中等城市交叉口按相交道路类型的分类

相交道路	主干路	次干路	支路
主干路	主-主交叉口	—	—
次干路	主-次交叉口	次-次交叉口	—
支路	主-支交叉口	次-支交叉口	支-支交叉口

表 2-4　小城市交叉口按相交道路类型的分类

相交道路	干路	支路
干路	干-干交叉口	—
支路	干-支交叉口	支-支交叉口

（2）按控制类型分类　平面交叉口分为信号控制交叉口（平 A 类）、无信号控制交叉口（平 B 类）和环形交叉口（平 C 类）3 种类型。其中：

1）信号控制交叉口应分为进、出口道展宽交叉口（平 A1 类）和进、出口道不展宽交叉口（平 A2 类）。

2）无信号控制交叉口应分为支路只准右转通行交叉口（平 B1 类）、减速让行或停车让行标志交叉口（平 B2 类）和全无管制交叉口（平 B3 类）。

3）立体交叉口应分为枢纽立交（立 A 类）、一般立交（立 B 类）和分离立交（立 C 类）。

交叉口的选用类型见表 2-5。

表 2-5　交叉口的选用类型

交叉口类型	选型	
	应选类型	可选类型
快-快交叉	立 A 类	—
快-主交叉	立 B 类	立 A 类或立 C 类
快-次交叉	立 C 类	立 B 类
主-主交叉	平 A1 类	立 B 类中的下穿型菱形立交
主-次交叉	平 A1 类	
主-支交叉	平 B1 类	平 A1 类
次-次交叉	平 A1 类	—
次-支交叉	平 B2 类	平 C 类或平 A1 类
支-支交叉	平 B2 类或平 B3 类	平 C 类或平 A2 类

（3）按交叉口形式分类 平面交叉口是道路在同一标高上交叉，其形式与城市规划、交通流量、交通性质、用地性质和周围建筑情况有关。根据交叉的道路条数不同，可分为十字形、X形、T形、Y形、多路交叉、环形、错位和畸形交叉口等，如图 2-1 所示。

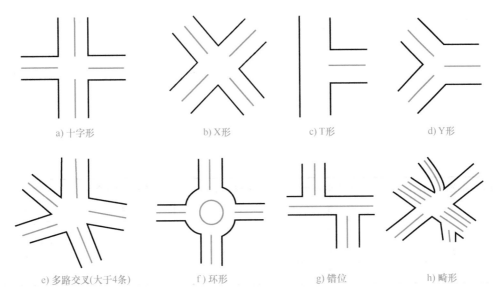

a) 十字形　　　　b) X形　　　　c) T形　　　　d) Y形

e) 多路交叉(大于4条)　　f) 环形　　　g) 错位　　　h) 畸形

图 2-1　平面交叉口类型示意图

3. 平面交叉口的交通冲突点

当两股不同流向的交通流同时通过空间某点时，产生交通冲突，该点就称为冲突点。根据冲突形成的机理分为交叉冲突点、分流冲突点、合流冲突点。

（1）交叉冲突点 从两个不同方向进入交叉口的交通流按不同方向离开时的冲突点称为交叉冲突点，如图 2-2a 所示。

（2）分流冲突点 由一个方向的交通流分成不同方向的交通流形成的冲突点称为分流冲突点，如图 2-2b 所示。

（3）合流冲突点 来自不同方向的交通流合成一个方向的交通流的冲突点称为合流冲突点，如图 2-2c 所示。

在没有任何控制方式的交叉口，交叉点、分流点和合流点计算方法见式（2-1）和式（2-2）。

$$P = \frac{n^2(n-1)(n-2)}{6} \tag{2-1}$$

$$M = N = n(n-2) \tag{2-2}$$

式中　P、M、N——分别表示交叉点、分流点和合流点；

　　　n——交叉口相交道路条数。

表 2-6 给出了交叉口相交道路均为双向两车道时，相交道路条数与交叉点、分流点和合流点数的对照。从表中可以看出，假如没有任何交通控制措施，随着交叉口相交道路条数的增加，冲突点会急剧增加，对交通安全和通行能力的影响也将急剧增大。

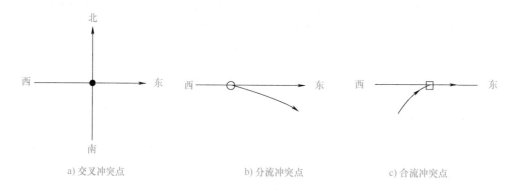

a) 交叉冲突点　　　　　　　b) 分流冲突点　　　　　　c) 合流冲突点

图 2-2　平面交叉口基本冲突

表 2-6　交叉口相交道路数与交叉点、分流点和合流点数的对照

交叉口相交道路数/条	交叉点数/个	分流点数/个	合流点数/个	合计/个
3	3	3	3	9
4	16	8	8	32
5	50	15	15	80
6	120	24	24	168

4. 平面交叉口视距三角形

由两条相交道路上的停车视距所构成的三角形称为视距三角形，如图 2-3 所示。驾驶人所做出的决策很大程度上取决于交叉口的视距。因此，无控制交叉口的交通安全是靠交叉口上良好的视距来保证的。

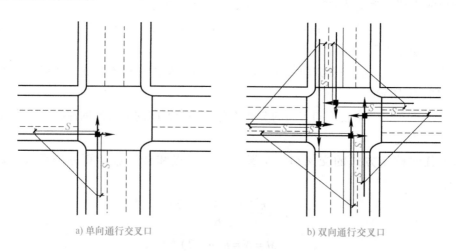

a) 单向通行交叉口　　　　　　　　b) 双向通行交叉口

图 2-3　交叉口安全视距三角形

停车视距由三部分组成：驾驶人的反应时间内行驶的距离 S_1，开始制动到汽车完全停止所行驶的距离（制动距离）S_2 和安全距离 l_0。停车视距可采用式（2-3）计算：

$$S = S_1 + S_2 + l_0 = \frac{v}{3.6}t + \frac{v^2}{2g(\varphi \pm i) \times 3.6^2} + l_0 \tag{2-3}$$

式中　S——车辆停车视距（m）；

　　　v——车辆行驶速度（m/s）；

　　　t——驾驶人反应时间（s）；

　　　g——重力加速度（m/s²），取 9.8m/s²；

　　　φ——车辆轮胎和路面的纵向摩擦系数；

　　　i——道路纵坡（%），上坡取 +，下坡取 -；

　　　l_0——前后辆车的安全距离（m），通常取 5m。

《城市道路交叉口规划规范》（GB 50647—2011）中规定，平面交叉口红线规划必须满足安全停车视距三角形限界的要求，安全停车视距不得小于表 2-7 的规定。视距三角形限界内，不得规划布设任何高出道路平面标高 1.0m 且影响驾驶人视线的物体。

表 2-7　交叉口视距三角形要求的安全停车视距

路线设计车速/(km/h)	60	50	45	40	35	30	25	20
安全停车视距 S/m	75	60	50	40	35	30	25	20

在多车道的道路上，检验安全视距三角形限界时，视距线必须设在最易发生冲突的车道上，如图 2-3 所示。

二、平面交叉口的交通渠化设计

平面交叉口的交通组织必须通过平面布局方案来组织分配各交通流的通行路径，通过交通管理措施来组织分配各交通流的通行次序。交叉口平面布局方案应包括：车辆进出口道及渠化方案、人行过街横道、非机动车过街方案、公交路线和公交站点布置等；交通管理措施应包括减速让行、停车让行管制和交通信号控制等。

1. 渠化设计

（1）渠化设计的概念　渠化设计是指运用标线、标志或实体设施以及局部展宽进口端等措施对交通流做分流和导向设计，以消除平面交叉口各向交通流间的相互干扰。设计内容包括：车道功能划分、导向标线和导向岛等。

城市道路交叉口是整个城市道路系统中交通事故的多发点、交通运行的拥堵点、通行能力的制约点。科学、合理地规划交叉口是城市道路交通系统安全与畅通的决定因素之一。

（2）渠化设计的作用

1）分离交错的交通流。

2）保证交通流的合流、分流的正确角度。

3）控制车辆的速度。

4）为左转弯、右转弯或交叉车辆提供安全待避的场所，保护其他交通流。

5）保护过街的行人。

6）限制过大的交叉区域等。

2. 交叉口渠化设计原则

（1）符合规范、简单明了、易于理解　交叉口渠化设计应符合国家相关规范的规定，不能随意变更或改动。渠化设计方案力求简单明了，避免过于复杂，以利于各类交通参与者正确选择路线。

（2）路线平顺、有利安全　交叉口渠化设计应尽可能使交通路线平顺，可以使交通参与者以最短时间或最短路程通过，避免迂回、逆向、急转或者有可能引起碰撞的尖锐角度。同时，不同流向、不同车种、不同速度的各种交通流应尽可能实现分道行驶，以减少相互干扰或碰撞，以保证安全。

（3）保证视距、净化视野　交叉口渠化设计应充分保证各方向各车道车辆和行人的规定视距，并净化机动车驾驶人的视野。交叉口附近的所有绿化栽植和市政公用设施的设置均以不阻挡驾驶人视线、不妨碍驾驶人视线为原则，凡妨碍视线的建筑或绿化树木均应拆除或砍伐，以确保行车的视距要求。

3. 交叉口渠化设计方法

（1）增加进出口车道数、提高交叉口的通行能力　可通过拓宽交叉口进口道、适当压缩车道宽度（同时应保证最大外形尺寸的车辆能顺利地实现转弯行驶，不受阻碍也不致过分降低车速）、偏移道路中心线等措施增加交叉口进出口车道数，以达到最大限度地提高交叉口通行能力的目标。

（2）保护转弯车流　在不同方向交通流之间设置分隔带，以防止可能的车流冲突并保护转弯车辆和横向行驶车辆。对大量的转弯车流应优先考虑，为其提供方便。在右转车辆比例较大的交叉口，若有可能应设置右转弯车道，通常设置右转弯车道的方法是拓宽进口。

（3）适当缩小交叉口面积　若交叉口面积过大，车辆的行驶轨迹则变宽，行人穿越交叉口要绕大弯。为此，在不妨碍左转弯车流行驶的情况下，应该使停车线和人行横道与交叉口尽可能接近。

（4）减少交叉口的分岔数目　由于交叉口冲突点的数目随交叉口岔数的增加成几何增长，不同类型的冲突点都存在着挤撞和碰撞的危险，是影响交叉口行车速度和导致交通事故的主要原因。因此，在进行交叉口设计时应尽量设法减少交叉口的分岔数目。

此外，交叉口渠化设计时还需注意保证主要交通流的顺畅，满足主路优先通行；车道线、停止线、转弯箭头等标志、标线都应保持清楚明确，模糊时应及时更新。

以上原则和方法根据交叉口的交通特性、环境等实际情况综合考虑，灵活应用。最根本的原则和方法是符合人的习惯和车辆的运行特性，保证交叉口行车和行人的安全顺畅。

4. 交叉口的进、出口道设计

（1）进口道设计　平面交叉口进口道车道数应根据进口道通行能力与路段通行能力相匹配的原则增加。新建交叉口若无相关资料，可按表2-8初步确定进口道车道数。

表2-8　新建十字形交叉口进口车道数试用方案

路段车道数/条	进口车道数/条
1	1、2
2	2、3、4
3	4、5、6
4	5、6

平面交叉口一条进口车道的宽度宜为3.25m。新建交叉口进口道每条机动车道的宽度不应小于3.0m。改建与治理交叉口，当建设用地受到限制时，每条机动车进口车道的最小宽度不宜小于2.8m，公共汽车及大型车辆进口道最小宽度不宜小于3.0m。交叉口范围内不设路缘带。

1）信号控制交叉口进口道规划符合下列规定：

① 新建交叉口规划宜利用部分中央分隔带增辟左转专用车道；改建及治理交叉口规划，且高峰15min内每信号周期左转车平均交通流量超过2辆时，宜设置左转专用车道。每信号周期左转车平均达到交通流量10辆或需要左转专用车道长度达90m时，宜设置2条左转专用车道。左转交通流量特别大且进口道上游路段车道数为4条或4条以上时，可设3条左转专用车道。

② 当高峰15min内每信号周期右转车平均达到4辆或道路空间允许时，宜设置右转专用车道。改建及治理交叉口规划时，可通过缩减进口道车道的宽度、缩减机非分隔带宽度或利用绿化带展宽成右转专用车道或直右混行车道。当设置2条右转专用车道时，宜对右转车流进行信号控制。

2）进口道左转专用车道设置可采用下列方法：

① 展宽进口道，以便新增左转专用车道。

② 压缩较宽的中央分隔带，新辟左转专用车道，但压缩后的中央分隔带宽度对于新建交叉口至少应为2m，对改建交叉口至少应为1.5m，其端部宜为半圆形，如图2-4a所示。

③ 道路中线偏移，以便新增左转专用车道，如图2-4b所示。

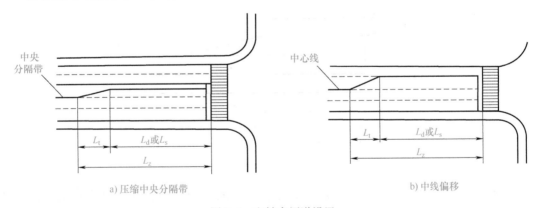

a) 压缩中央分隔带　　　　　　　　　　　　　　　b) 中线偏移

图2-4　左转专用道设置

L_t—变换车道所需的渐变段长度（m）　L_d—减速车道长度（m）

L_s—相邻候驶车辆排队长度（m）　L_z—专用左转车道最小长度（m）

④ 在原直行车道中央分出左转专用车道。

3）进口道右转专用车道设置可采用下列方法：

① 展宽进口道，新增右转专用车道，如图2-5所示。

② 在原直行车道中分出右转专用车道。

确因需要在向右展宽的进口道上设置公交停靠站时，应利用展宽段的延伸段设置港湾式公交停靠站，并增加站台长度。

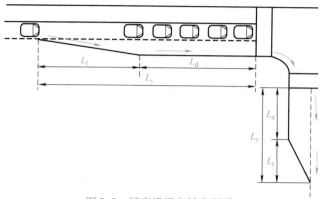

图 2-5　展宽设置右转专用道

L_t—渐变段长度（m）　L_d—展宽段长度，不小于相邻候驶车队长度（m）

L_a—车辆加速所需距离（m）　L_y—展宽右转专用车道长度（m）

$L_{y'}$—展宽加速车道长度（m）

4）进口道长度应符合下列规定：

① 进口道规划展宽长度 L_a 如图 2-6 所示，由展宽渐变段长度 L_d 与展宽段长度 L_s 组成。展宽渐变段的长度 L_d 按表 2-9 的规定取值，干路展宽渐变段最短长度不应小于 20m，支路不应小于 15m。展宽段长度可按下式计算：

$$L_s = 9N \tag{2-4}$$

式中　N——高峰 15min 内每一信号周期的左转或右转车的平均排队车辆数（辆）。

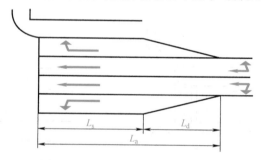

图 2-6　进口道规划展宽段长度示意

无交通流量资料时，展宽段长度 L_s 应按表 2-9 的规定取值，支路最小长度不应小于 30m，次干路最小长度取值为 40～50m，主干路最小长度取值为 50～70m，与支路相交应取下限值，与干路相交应取上限值。

表 2-9　平面交叉口进口道展宽段及展宽渐变段的长度　　　　（单位：m）

交叉口	展宽段长度			展宽渐变段长度		
	主干路	次干路	支路	主干路	次干路	支路
主-主	80～120	—	—	30～50	—	—
主-次	70～100	50～70	—	20～40	20～40	—
主-支	50～70	—	30～40	20～30	—	15～30
次-次	—	50～70	—	—	20～30	—
次-支	—	40～60	30～40	—	20～30	15～30

② 当需要在向右侧展宽的进口道上设置公交停靠站时，应利用展宽段的延伸段布设港湾式公交停靠站，并应追加站台长度，渐变段长度应按港湾式停靠站要求设置。

③ 需设两条转弯专用车道时，展宽段长度可取一条专用车道长度的0.6倍。

（2）出口道设计　新建十字形交叉口可按表2-10初步确定交叉口出口车道数。

表2-10　新建十字形交叉口出口车道数试用方案

路段车道数/条	出口车道数/条
1	1
2	2、3
3	3、4
4	4、5

新建道路交叉口每条出口车道宽度不应小于下游路段车道宽度，改建和治理交叉口每条出口车道宽度不宜小于3.25m。

信号控制交叉口出口道规划应符合下列规定：

① 出口道规划展宽段长度应包括出口道展宽段长度和展宽渐变段长度。

② 当出口道展宽段内不设公交停靠站时，支路出口道展宽段长度不应小于30m，次干路出口道展宽段长度不应小于45m，主干路不应小于60m，展宽渐变段长度不应小于20m。

③ 当出口道展宽段内设置公交停靠站时，展宽段长度除应符合①项的规定外，还应增加设置停靠站所需的长度；渐变段长度应符合港湾式公交停靠站的设置要求。

④ 出口道规划展宽长度还应满足安全视距三角形限界的要求。

5. 诱导线、导流岛设计

左转交通，尤其是左转车辆与对向直行车辆之间的冲突对交通的流畅和安全有很大的影响。因此，为了明确交叉口内左转车辆的行驶和等待位置，以及交通流在交叉口内曲线行驶的方向，宜采用诱导线来诱导车辆，如图2-7所示。诱导线设置过多会引起交叉口内的混乱，因此设置的诱导线应控制在最少数量，且诱导线通常设置在交通流发生弯曲形成不规则行驶轨迹，或跨越其他交通流的地方，因此与其他路面标线相比，容易磨损，要特别注意维护管理。

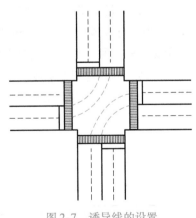

图2-7　诱导线的设置

导流岛一般设在较大的、不规则的、复杂的交叉口上，它将进入交叉口的不同方向的交通流指引到不同的车道或者规定的线路上，以防止车流偏离方向。交叉口设立导流岛后，通过限制行车路线，可以减少车辆冲突、提高交叉口的行车安全和通畅，图2-8所示为典型导流岛设置示意图。

6. 人行横道与非机动车道设计

（1）人行横道设计　人行横道线表示一定条件下准许行人横穿道路的路径，其颜色为白色平行粗实线（俗称斑马线）。人行横道线一般与道路中心线垂直，特殊情况下，其与中心线夹角不小于60°（或大于120°），其条纹与道路中心线平行；人行横道线的最小宽度为300cm，并根据行人交通流量以100cm为一级加宽。人行横道线的线宽为40cm或45cm，线间隔一般为60cm，根据车行道宽度进行调整，但最宽不超过80cm，人行横道线示意图如图2-9所示。

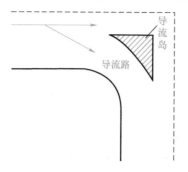

图2-8 典型导流岛设置示意图 　　 图2-9 人行横道线示意图

人行横道设置应符合以下要求：

1）设置在驾驶人容易看见的位置，与车行道垂直，平行于路段路缘石的延长线并适当后退，在右转车辆易与行人发生冲突的交叉口，宜后退3~4m，如图2-10所示的b部分，人行横道间的转角部分长度不应小于6m，如图2-10所示的c部分。人行横道两侧沿路缘石30~120m范围内，应设置分隔栏等隔离设施，主干路取上限，支路取下限。

2）有中央分隔带的道路，人行横道设置在分隔带端部向后1~2m处，如图2-10所示的d部分。

3）人行横道宽度根据过街行人数量、行人信号时间等确定，顺延干路的人行横道宽度不小于5m，顺延支路的人行横道宽度不宜小于3m，以1m为单位增减。

4）当人行横道长度大于16m时，在人行横道中央设置行人二次过街安全岛。可通过减窄转角交通岛、利用转角曲线范围内的扩展空间、缩减进出口车道宽度等措施设置行人二次过街安全岛。因条件限制宽度不够时，安全岛两侧人行横道可错开设置，如图2-11所示。安全岛两端的保护岛需设反光装置。

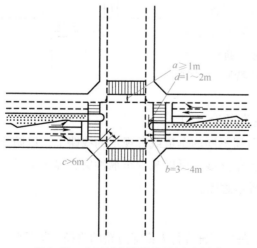

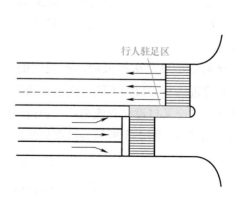

图2-10 人行过街横道的设置示意图 　　 图2-11 人行横道错开设置示意图

（2）非机动车道设计　非机动车交通流量较大时，在交叉口设置独立的非机动车进出口道，并与机动车道间用设施分隔。非机动车独立进出口道采用与机动车一起过街的交通组织方式。

左转非机动车交通流量较大且交叉口用地条件许可时，采用非机动车二次过街方式，左转非机动车待行区的面积需满足非机动车停车需要，位置上需安全，符合非机动车行驶轨迹的要求，且不影响其他各类交通流的通行。

 知识拓展

规范中如何践行"以人为本"的理念？

《城市道路交叉口规划规范》（GB 50647—2011）（以下简称《规范》）条文说明中，表明该《规范》是城市规划编制标准规范体系中的重要组成部分。编制城市道路交叉口规划规范，对于合理利用城市土地资源，优化城市道路交叉口的时空资源配置，提高城市道路网通行能力，改善城市交通安全，促进其可持续发展具有重要意义。

标准编制遵循的主要原则：

1）以人为本的原则——强化公共交通系统、行人和非机动车在交叉口的路权。

2）保障安全的原则——突出行人和非机动车过街的安全保障。

3）节约土地的原则——既满足工程设计的需要，又不占用不必要的土地。

4）保护环境的原则——加强交叉口规划过程中保护城市环境方面的作用。

5）因地制宜的原则——根据不同的实际情况选用合适条文和参数。

城市道路交叉口规划必须改变"以车为本"的观念，遵循"科学发展观"，确立"以人为本"的核心理念，因地制宜地来规划交叉口；必须处理好用地规模与征地拆迁及历史文化保护、交通安全与交通效率、公共交通与其他机动车交通、行人及非机动车与机动车交通、环境效益与交通效益之间的关系。

其中交通安全和交通效率、行人及非机动车与机动车交通的关系是指：交叉口规划必须在保障交通安全的前提下提高通行效率，不得采用牺牲交通安全来换取提高通行效率的方案；特别要充分重视行人与非机动车骑车人的安全保障，并应妥善考虑无障碍设施的规划，保障残疾人士的通行安全与方便；应以行人过街能够忍耐的等候红灯时间为约束条件来检验交叉口规划的合理性与科学性。

其中公共交通和其他机动车交通的关系是指：交叉口规划应执行"公交优先"的战略政策，合理规划交叉口附近的公交路权与站点布设，方便公交车运行及乘客过街或换乘其他公交线路，同时兼顾降低对其他交通通过交叉口的安全和效率的影响。

其中环境效益与交通效益的关系是指：不应采用牺牲环境效益来换取其他效益的方案。

城市道路中，交叉口是机动车、非机动车、行人的集散点，是交通事故频发的主要节点。一方面交叉口的智能化管理是提高安全性有效途径，另一方面交通参与者遵守交通法规是提高生命安全的重要保障。

案例：某市区道路平面交叉口改善前状况如图 2-12 所示。该案例素材参考同济大学杨晓光教授课题组编写的《城市道路交通设计指南》中的设计范例。

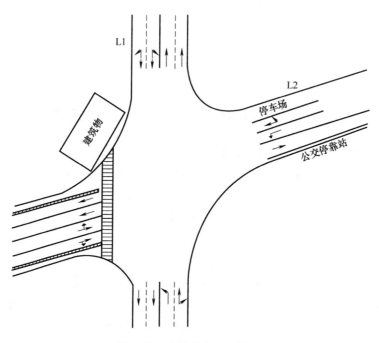

图 2-12　改善前交叉口状况

道路状况：由道路 L1 和 L2 相交成 X 形交叉口，是该市的两条主干路。L2 路幅宽度 28m，进口道和出口道均为两车道，机动车和非机动车采用绿化带分离。L1 道路宽度 16m，进出口道均为两车道，未设独立的非机动车道。

周边区域状况：L2 道路是重要的商业道路，L1 路上外地大型机动车流量较大，且 L2 路出口道设有一个公交站。交叉口东侧有一个大型机动车停车场，是造成该交叉口交通秩序混乱的一个重要因素。交叉口西北角建筑物紧靠道路。

交通状况：车辆组成以中型汽车、小型汽车为主，非机动车流混乱。行人交通流量不大。高峰小时交通流量见表 2-11。

交叉口交通控制状况：无信号控制。

对交叉口进行交通改善设计。

1. 改善前问题分析

1）因无信号控制，车辆自行组织通行，导致车道功能不明确、不合理。

2）车流通行紊乱，非机动车行走混乱，机动车车速较快，但未设置信号灯。

3）L2 路东侧公交停靠站距交叉口太近，且只有一条出口道，容易堵塞。

4）多处进口道没有车道线和人行横道线，机非混行严重，行人过街安全隐患大。

5）L2 道路西进口人行横道线设置不合理，且横道线过长，行人一次过街有困难。

表 2-11 高峰小时交通流量

进口		机动车/（pcu/h）
东	左	83
	直	95
	右	83
西	左	187
	直	110
	右	76
南	左	118
	直	358
	右	110
北	左	100
	直	247
	右	154
合计		1721

6）L1 道路东进口道停放中型货车，严重影响视距，应影响转弯车辆轨迹，从而降低交叉口通行能力，影响交通安全。

2. 问题对策分析

1）合理渠化交叉口，按车道轨迹线做出渠化部分，规范车流在交叉口内的运行轨迹。设置机动车导流线，使机动车左转与直行车流的交叉角度尽量接近直角，减小冲突区域面积。

2）重新组织非机动车流向，采用二次过街来完成路径引导。

3）完善行人过街设施，确保人行道的畅通，并对人行横道两端进行无障碍处理。设置行人过街信号灯。

4）建议远期拆除交叉口西北角的楼房，以给行人足够的行走空间，同时还可以使左转非机动车在此空间停留。

3. 改善措施

采取如下改善措施，改善后交叉口状况如图 2-13 所示。

1）L1 道路西进口人行横道适当后移，方便车辆转弯，同时保证非机动车的通行空间。

2）L1 道路西进口中心双黄线向两侧偏移，做出中央渠化带分离双向车流并作为行人过街驻足区，且在横道前设半圆形行人驻足保护区。

3）L1 道路西进口道打掉单侧一段绿化带，拓出一条进口机动车道。东进口处停车场迁走，拓出两条机动车进口道和一条非机动车进口道。西进口三条进口道分别为右转、直行和左转，东进口三条进口道分别为右转、直行和左转。同时，在 L1 道路东进口做中央渠化。部分人行横道作为行人过街驻足区，并在横道前设半圆形行人驻足保护区。

4）L2 道路各进口道非机动车上人行道行驶，分别拓出一条机动车进口道。南北两进口道分别为直左和直右车道。

5）L1 东进口拓宽为两条出口道，公交站向后移至交叉口 20m 处。

6）画出路口的左转车诱导线和交通岛。

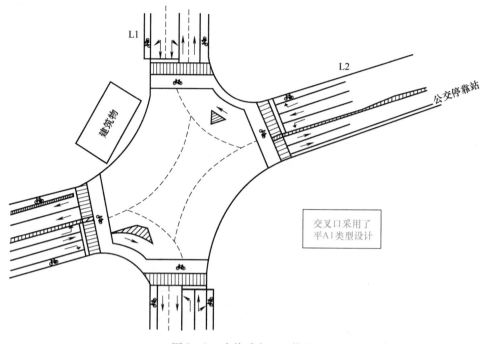

图2-13　改善后交叉口状况

请按照"任务工单3　城市道路交叉口渠化设计"要求完成本任务。

任务4　道路交通标志认知

 **任务描述**

选择一个道路网区域，进行交通标志种类划分和识别，并对各类交通标志位置进行确认。

 **学习目标**

知识目标

1. 掌握交通标志的种类。

2. 了解交通标志相关规范。

技能目标

1. 能够熟练分析交叉口的交通标志设计。

2. 能够查询交通标志设计相关规范用于交通标志设计。

素养目标

培养兢兢业业、无私奉献的劳动精神。

知识准备

道路交通标志和标线是引导道路使用者有秩序地使用道路，以促进道路交通安全、提高道路通行效率的基础设施，用于告知道路使用者道路通行权力，明示道路交通禁止、限制、遵行状况，告示道路状况和交通状况等信息。

交通标志和标线通常根据情况配合使用，其传递的信息是相互协调的，同时与交通管理措施、设施相协调。

公路、城市道路和虽在单位管辖范围但允许社会机动车通行的场所，广场、公共停车场等用于公众通行的场所等各类道路上交通标志的制作、检测和设置，均需按照国家规范执行。其他机动车通行的地方、停车场等设置的交通标志可参照规范执行。

一、认识道路交通标志

道路交通标志是以颜色、形状、字符、图形等向道路使用者传递信息，用于管理交通的设施。交通标志按其作用分为主标志和辅助标志两大类。其中主标志包括：警告标志、禁令标志、指示标志、指路标志、旅游区标志和告示标志。辅助标志是附设在主标志下，对其进行辅助说明的标志。

1. 主标志

1）警告标志：警告道路使用者注意道路交通的标志。
2）禁令标志：禁止或限制道路使用者交通行为的标志。
3）指示标志：指示道路使用者应遵循的标志。
4）指路标志：传递道路方向、地点、距离信息的标志。
5）旅游区标志：提供旅游景点方向、距离的标志。
6）告示标志：告知路外设施、安全行驶信息以及其他信息的标志。

2. 辅助标志

附设在主标志下，对其进行辅助说明的标志。

二、交通标志设计要素

道路交通标志和标线应传递清晰、明确、简洁的信息，以引起道路使用者的注意，并使其具有足够的发现、认读和反应时间，也就是所谓的道路交通标志视认性的要求。决定视认性的要素包括颜色、形状和图符等。

1. 颜色

从心理学的角度看，不同颜色刺激人们产生不同的思维反应，在视认范围和心理效果上均有差异。如在相同距离下观看红、黄、蓝和绿色物体，红色较黄色更近一些，而蓝色和绿色则更远一些。不同颜色在视觉中的亮度是不同的，有明色和暗色之分，如红、黄为明色，视认性较好。颜色的合理搭配，如蓝色和白色相配，也可提高视认性。

交通标志颜色的基本含义：

1）红色：表示禁止、停止和危险，用于禁令标志的边框、底色和斜杠，也用于叉形符号和斜杠符号、警告性线形诱导标的底色等。

2）黄色或荧光黄色：表示警告，用于警告标志的底色。

3）蓝色：表示指令、遵循，用于指示标志的底色；表示地名、路线、方向等的行车信息，用于一般道路指路标志的底色。

4）绿色：表示地名、路线和方向等的行车信息，用于高速公路和城市快速路指路标志的底色。

5）棕色：表示旅游区及景点项目的指示，用于旅游区标志的底色。

6）黑色：用于标志的文字、图形符号和部分标志的边框。

7）白色：用于标志的底色、文字和图形符号以及部分标志的边框。

8）橙色或荧光橙色：用于道路作业区的警告、指路标志。

9）荧光黄绿色：表示警告，用于"注意行人、注意儿童"警告标志。

2. 形状

不同形状的标志，在不同环境情况下的视认性不同。如倒的正三角形状醒目程度较高，圆形图案更大更为瞩目。

交通标志形状的一般使用：

1）正等边三角形：用于警告标志。

2）圆形：用于禁令和指示标志。

3）倒等边三角形：用于"减速让行"禁令标志。

4）八角形：用于"停车让行"禁令标志。

5）叉形：用于"铁路平交道口叉形符号"警告标志。

6）方形：用于指路标志，部分警告、禁令和指示标志，旅游区标志，辅助标志，告示标志等。

3. 图符

图符是文字、符号及图案的总称。大量道路交通标志是以图符表示的，其文字要求具有简洁性和准确性，其符号具有直观性与单义性，其图案具有形象性和通俗性。图符应一目了然，不易发生误解。图符中应尽量少用文字，只有在非常必要时采用文字。对某些道路条件复杂地段的标志，使用简洁文字能收到准确、迅速反映标志内容的效果。如"禁止""限制重量（高度、速度、时间）"等。

三、道路交通标志的设计规定

1. 警告标志

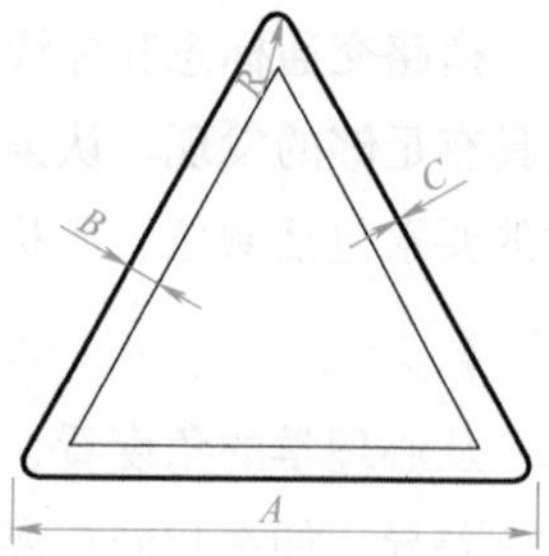

警告标志的颜色为黄底、黑边、黑图形，形状为等边三角形或矩形，三角形顶角朝上。它的尺寸如图 2-14 所示，三角形边长、

图 2-14　警告标志的尺寸

黑边宽度依据设计速度按表 2-12 选取。警告标志前置距离根据道路的设计速度按表 2-13 选取，根据道路的限速、运行速度等实际情况适当调整。部分警告标志的种类、设置地点及图符示例见表 2-14。

表 2-12　警告标志尺寸与速度的关系

速度/(km/h)	100 ~ 120	71 ~ 99	40 ~ 70	< 40
三角形边长 A/cm	130	110	90	70
黑边宽度 B/cm	9	8	6.5	5
黑边圆角半径 R/cm	6	5	4	3
衬边宽度 C/cm	1.0	0.8	0.6	0.4

表 2-13　警告标志前置距离一般值　　　　　　　　　　　（单位：m）

速度/(km/h)	减速到下列速度/(km/h)											
	条件 A	条件 B										
	0	10	20	30	40	50	60	70	80	90	100	110
40	*	*	*	*								
50	*	*	*	*	*							
60	30	*	*	*	*							
70	50	40	30	*	*	*	*					
80	80	60	55	50	40	30	*	*				
90	110	90	80	70	60	40	*	*	*			
100	130	120	115	110	100	90	70	60	40	*		
110	170	160	150	140	130	120	110	90	70	50	*	
120	200	190	185	180	170	160	140	130	110	90	60	40

注：1. 条件 A——道路使用者有可能停车后通过警告地点，典型的标志如注意信号灯标志、交叉口警告标志、铁路道口标志等。
　　2. 条件 B——道路使用者应减速后通过警告地点，典型的标志如急弯路标志、连续弯路标志、陡坡标志等。
　　3. *——不提供具体建议值，视当地条件确定。

表 2-14　警告标志种类、设置地点及图符示例

序号	种类	设置地点	图符示例
1	交叉路口标志	设在平面交叉路口驶入路段的适当位置	十字形交叉路口　　环形交叉路口
2	急弯路标志和连续弯路标志	设计车速小于 60km/h 的道路上，平曲线半径小于表 2-15 规定，且停车视距小于表 2-15 规定或各圆曲线间得距离均小于或等于表 2-16 规定	向左急弯路　　连续弯路

（续）

序号	种类	设置地点	图符示例
3	陡坡标志	当纵坡坡度大于表 2-17 规定时，在纵坡坡脚或坡顶以前适当位置。纵坡坡度小于表 2-17 规定，经常发生制动失效事故的下坡路段也可设置	上陡坡　　下陡坡坡度和长度　长度300m
4	窄路标志	设在双车道路面宽度缩减为 6m 以下的路段起点前方	两侧变窄　　右侧变窄和建议速度　30km/h
5	双向交通标志	设在由双向分离行驶，因某种原因出现临时性或永久性的不分离双向行驶的路段，或由单向行驶进入双向行驶的路段以前适当位置	双向交通
6	注意信号灯标志（行人、儿童等）	设在驾驶人不易发现前方为信号灯控制路口（行人密集或不易被驾驶人发现的人行横道线，或儿童经常出入地点以前适当位置），或由高速公路驶入一般道路的第一个信号灯控制路口，或因临时交通管制或其他特殊情况设置活动信号灯的路口	注意信号灯　　注意行人
7	隧道、傍山险路标志、村庄、易滑	设在双向行驶、照明不好的隧道口前或傍山险路或紧靠村庄、集镇且视线不良的或路滑容易发生事故的路段以前适当位置	隧道　　傍山险路
8	驼峰桥、过水路面（或漫水桥）标志	设在拱度很大，影响视距的驼峰桥、过水路面或漫水桥路段以前适当位置	驼峰桥　　过水路面
9	铁路道口标志	设在车辆驾驶人不易发现的道口以前适当位置	有人看守铁道路口　　无人看守铁路道口

（续）

序号	种类	设置地点	图符示例
10	注意危险、潮汐车道标志	设在以上标志不能包括的其他危险路段或潮汐车道路段起点以前适当位置	注意危险　　注意潮汐车道

如果多股铁路与道路相交，则在铁路道口标志上方设置叉形符号，叉形符号如图2-15所示。

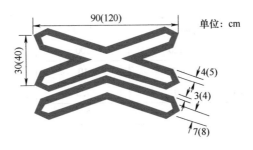

图2-15　叉形符号

表2-15　平曲线半径和停车视距值

设计速度/（km/h）	20	30	40
平曲线半径/m	20	45	80
停车视距/m	20	30	40

表2-16　两反向圆曲线间距离值

设计速度/（km/h）	20	30	40
两反向圆曲线间距离/m	40	60	80

表2-17　纵坡坡度值

设计速度/（km/h）			20	30	40	60	80	100	120
纵坡坡度（%）	上坡	海拔3000m以下	7	7	7	6	5	4	3
		海拔3000~4000m	7	7	6	5	4		
		海拔4000~5000m	7	6	5	4	4		
		海拔5000m以上	6	5	4	4	4		
	下坡		7	7	7	6	5	4	3

2. 禁令标志

禁令标志的颜色，除个别标志外，为白底、红圈、红杠、黑图形，图形压杠。禁令标志的形状为圆形或顶角向下的倒等边三角形。禁令标志的尺寸如图2-16所示，其各部分尺寸的一般值应根据设计速度，按表2-18选取。禁令标志设置于禁止、限制及相应解除开始路段的起点附近。

图 2-16　禁令标志的尺寸

表 2-18　禁令标志尺寸与速度的关系

速度/(km/h)		100~120	71~99	40~70	<40
圆形标志/cm	标志外径（D）	120	100	80	60
	红边宽度（a）	12	10	8	6
	红杠宽度（b）	9	7.5	6	4.5
	衬边宽度（c）	1.0	0.8	0.6	0.4
三角形标志（减速让行标志）/cm	三角形边长（a）	—	—	90	70
	红边宽度（b）	—	—	9	7
	衬边宽度（c）	—	—	0.6	0.4
八角形标志（停车让行标志）/cm	标志外径（D）	—	—	80	60
	白边宽度（b）	—	—	3.0	2.0
矩形标志（区域限制和解除标志）/cm	长（a）	—	—	120	90
	宽（b）	—	—	170	130
	黑边框宽度	—	—	3	2
	衬边宽度（d）	—	—	0.6	0.4

　　除特别说明外，禁令标志上不允许附加图形和文字。部分禁令标志的种类、设置示例和图符示例见表 2-19。

表 2-19　禁令标志种类、设置示例及图符示例

序号	种类	设置示例	图符示例
1	停车让行、减速让行标志	 注1：▮表示是两面都是标志面，跟支撑形式无关。 注2：★表示可选。	停车让行　　减速让行

（续）

序号	种类	设置示例	图符示例
2	禁止机动车驶入标志	注：★表示可选。	禁止机动车驶入
3	禁止停车标志		禁止停车
4	限制速度标志		区域限制速度　　区域限制速度解除

3. 指示标志

指示标志的颜色除个别标志外，为蓝底、白图形。指示标志的形状分为圆形、长方形和正方形。指示标志的尺寸如图 2-17 所示，其各部分尺寸的一般值根据设计速度按表 2-20 选取。指示标志设置于指示开始路段的起点附近。部分指示标志的种类、设置示例和图符示例

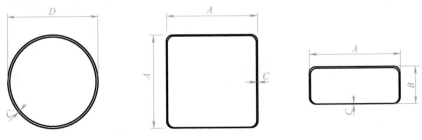

图 2-17　指示标志的尺寸

见表 2-21 所示。

表 2-20 指示标志尺寸与速度的关系

速度/(km/h)	100~120	71~99	40~70	<40
圆形（直径 D）/cm	120	100	80	60
正方形（边长 A）/cm	120	100	80	60
长方形（边长 $A×B$）/cm	190×140	160×120	140×100	—
单行线标志（长方形 $A×B$）/cm	120×60	100×50	80×40	60×30
会车先行标志（正方形 A）/cm	—	—	80	60
衬边宽度 C/cm	1.0	0.8	0.6	0.4

表 2-21 指示标志种类、设置示例及图符示例

序号	种类	设置示例	图符示例
1	直行、向左（或向右）转弯直行和向左（或向右）转弯标志	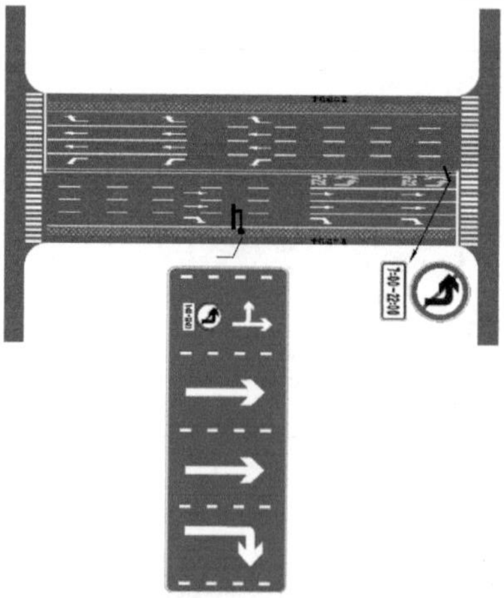	 直行　向左转弯 直行和向左转弯
2	单行路标志	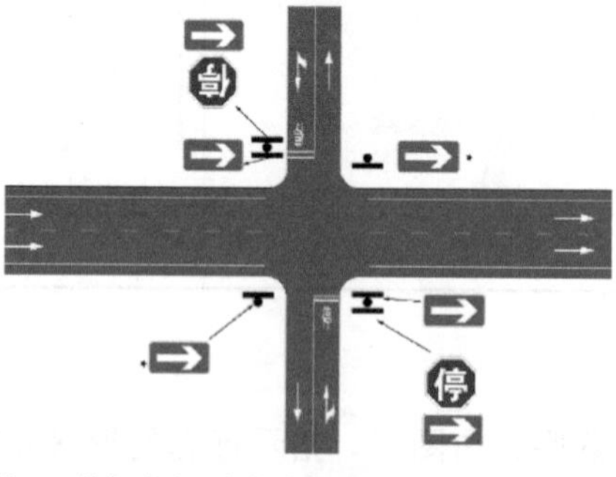 注：1. 单行路上黑色箭头仅表示行车方向，非地面导向箭头。 2. ★表示可选。	 单行路（向左或向右）  单行路（直行）
3	路口优先通行标志	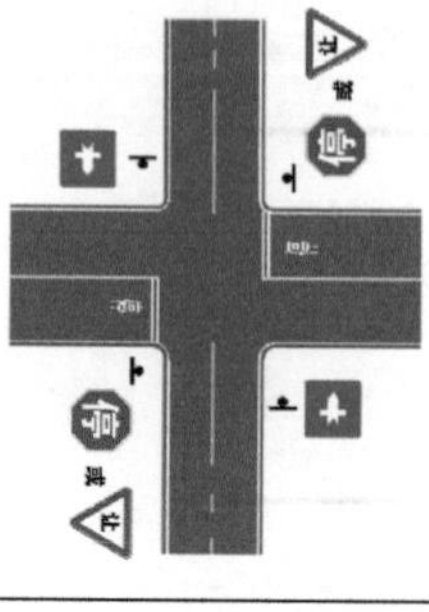	 路口优先通行

（续）

序号	种类	设置示例	图符示例
4	车道行驶方向标志		直行和右转合用车道　掉头车道 分向行驶车道
5	人行横道标志	设在人行横道两端适当位置，并面向来车方向，与人行横道线同时使用	

4. 指路标志

指路标志的颜色，除特别说明外，一般道路采用蓝底、白图形、白边框、蓝色衬边；高速公路和城市快速路采用绿底、白图形、白边框、绿色衬边。指路标志的形状除个别外，为长方形和正方形。汉字的高度按设计速度选取，见表2-22。指路标志外边框的尺寸，如图2-18所示，其中 h 为汉字高度。部分一般道路指路标志的种类、设置地点及图符示例见表2-23。

表2-22　汉字高度与速度的关系

速度/(km/h)	100~120	71~99	40~70	<40
汉字高度/cm	60~70	50~60	35~50	25~30

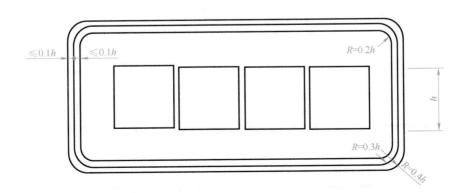

图2-18　指路标志外边框的尺寸

表 2-23　一般道路指路标志种类、设置地点及图符示例

序号	种类		设置地点	图符示例
1	路径指引标志	交叉路口预告标志	设在交叉口告知标志前 150 ~ 500m 处	四车道及以上公路交叉口预告
		交叉口告知标志	设在距交叉路口前 30 ~ 80m 处	十字交叉路口
		确认标志	街道名称设在交叉口后临近交叉口的地方，路名牌设在城市道路街角处，地点距离标志设在交叉口后 300 ~ 400m 处	街道名称　　路名牌　　地点距离
2	地点指引标志	地名、著名地点标志	设在道路沿线的边缘处，或经过的著名桥梁、隧道和重要垭口等地点	地名　　著名地点
		分界标志	设在行政区划的分界处，或设在道路养护段、道班管辖分界处	行政区划分界　　道路管理分界
		地点识别标志	设在所标识地点前适当位置	地点识别

（续）

序号	种类	设置地点	图符示例
3	道路沿线设施指引标志	停车场标志	设在停车场（区）入口附近
		错车道标志	设在双向错车困难路段上距错车道 100～150m 处
		人行天桥、人行地下通道、残疾人专用设施标志	设在天桥或地下通道入口附近或残疾人设施附近适当位置
		观景台、休息区标志	设在路侧可供驾驶人停车观景地带或休息区的两侧
		应急避难设施标志	设在应急避难场所、隧道等设施的疏散通道以及其他避难设施附近
4	其他道路信息指引标志	绕行标志	设于实施交通管制路口前适当位置
		车道数变少、增加标志	设在变化点前适当位置

（续）

序号	种类		设置地点	图符示例
4	其他道路信息指引标志	隧道出口距离预告标志	设在长度超过3000m的特长隧道内，从距离隧道出口2000m处开始每500m设置一块，直至隧道出口	隧道出口距离预告
		线形诱导标志	设于一般道路上易发生事故的弯道、小半径匝道曲线外侧、视线不好的T形交叉口等处	线形诱导

5. 旅游区标志

旅游区标志的颜色为棕底、白字（图形）、白边框棕色衬边，形状为矩形，标志的尺寸、代号与指路标志相同。部分旅游区标志种类、设置地点及图符示例见表2-24。

表2-24　旅游区标志种类、设置地点及图符示例

序号	种类	设置地点	图符示例
1	指引标志	设在连接道路交叉口处	云居寺 旅游区方向　　灵山16km 旅游区距离
2	旅游符号标志	设在高速公路或其他道路通往旅游景点的交叉口附近，或在大型服务区内通往各旅游景点的路口	问讯处　游戏场　冬季游览区　潜水

6. 其他标志

除以上标志外，还有作业区标志（新规定将其作为临时性标志）、辅助标志和告示标志等，见表2-25。

用于作业区的标志为警告标志、禁令标志、指示标志及指路标志，其中警告标志为橙底黑图形，指路标志为在已有的指路标志上增加橙色绕行箭头或者为橙底黑图形。

辅助标志的颜色为白底、黑字（图形）、黑边框、白色衬边，形状为矩形，尺寸与指路标志相同。

告示标志一般为白底、黑字、黑图形、黑边框，版面中的图形标志如果需要可采用彩色图案。

表 2-25 其他标志种类、设置地点及图符示例

序号	种类	设置地点	图符示例
1	作业区标志	设在道路施工、养护等路段前适当位置	施工
2	辅助标志（表示时间、车种、方向、距离警告或禁令理由）	主标志无法完整表达或指示其规定时，为维护行车安全与交通畅通的需求，设置辅助标志	7:30-10:00 时间范围　货车 行驶方向标志　向前200m 考试路线　驾驶考试路线
3	告示标志（行车安全提醒、小车停靠站点标志）	告示标志的设置有助于道路设施、路外设施的使用和指引，取消其设置不影响现有标志的设置和使用	严禁酒后驾车标志 校车停靠站点

知识拓展

从此"掉头"不迷茫

没有掉头标志的路口能不能掉头？禁止左转的路口能掉头么？路口掉头需要注意什么？没有正确掉头，有时候不只是交通违法，还有可能发生交通事故。

1. 可以掉头的情况

1）有掉头标志或道路中心线设置为虚实线时，可以掉头（图 2-19）。

既然有掉头标志，肯定可以掉头。当道路中心线为虚实线，且虚线在自己一侧位置时，也可以掉头。

图 2-19　有掉头标志或道路中心线设置为虚实线

2）路口有允许掉头的标线和信号灯时，可以掉头（图 2-20）。

车辆在有允许掉头的标线和信号灯的路口（即使禁止左转）可以掉头，但车辆需根据信号灯指示通行。

图 2-20　有掉头标线

2. 不能掉头的情况

1）在有禁止掉头的标志、标线的路口，不能掉头（图 2-21）。

路口有明确禁止掉头的标志、标线，当然不能掉头。

2）路口禁止左转或没有左转标志、标线，且没有掉头标志、标线时，不能掉头（图 2-22）。

图 2-21 有禁止掉头的标志、标线的路口

图 2-22 路口禁止左转或没有左转标志、标线，且没有掉头标志、标线

同理，掉头是左转的延伸，当路口禁止左转或没有左转标志、标线，且没有明确允许掉头标志时，也不能掉头。

3. 某些特殊路段禁止掉头

1）在高速公路上行驶时，不可掉头（图2-23）。

图2-23　在高速公路上行驶时不可掉头

高速公路上行车车速快、路况更加复杂，一旦发生事故，后果将会更加严重。

2）以下易发生危险路段，禁止掉头。

在隧道中，禁止掉头（图2-24）。

图2-24　在隧道中禁止掉头

在陡坡上，禁止掉头（图2-25）。

图2-25　在陡坡上禁止掉头

在桥梁上，禁止掉头（图 2-26）。

图 2-26　在桥梁上禁止掉头

在急弯处，禁止掉头（图 2-27）。

图 2-27　在急弯处禁止掉头

特别注意：

① 车辆在任何情况下掉头都不得妨碍其他正常通行的车辆和行人（图 2-28）。

图 2-28　不得妨碍其他正常通行的车辆和行人

② 不能压在"斑马线"上掉头（图 2-29）。行人在斑马线上有优先通行权。车辆掉头需要越过斑马线后才能掉头，不能压在斑马线上掉头。

图2-29　不能压在"斑马线"上掉头

③ 车辆在需越过停止线才能掉头时，必须按照信号灯指示通行（图2-30）。一般情况，信号灯指示通行权为掉头信号灯优先于左转信号灯和圆饼信号灯，左转信号灯优先于圆饼信号灯。

图2-30　按照信号灯指示通行

4. 掉头时注意"三看，一禁止"

1）三看。

① 看指示牌：有禁止掉头/左转的指示牌，不能掉头。

② 看掉头红绿灯：一般情况下，掉头或左转红灯时，不能掉头。

③ 看地面标线：道路中心线为实线时，不能掉头。

2）一禁止：禁止干扰行人和其他车辆正常通行。

实施与评价

案例：某市区道路3个相连的平面交叉口如图2-31所示，试找出该图中存在哪些类型的交通标志。

解答：该交叉口设置的交通标志见表2-26。

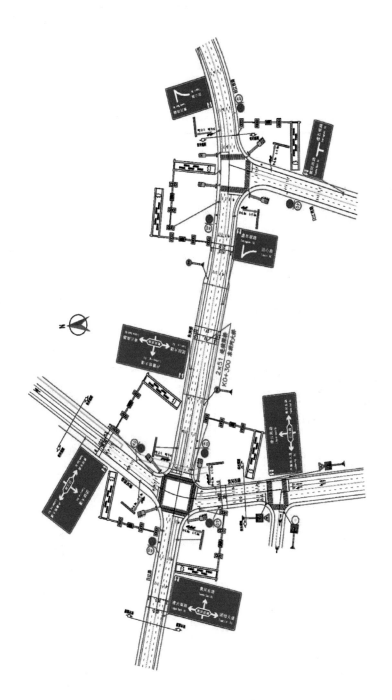

图 2-31 平面交叉口交通设计

表 2-26　交通标志种类、设置地点及图符示例

种类	设置地点	图符示例
禁令标志	交叉口出口处	禁止停车标志　　　限速标志
	交叉口进口处	减速让行　　　停车让行
	本案例中设置在桥的入口处	限制质量
指示标志	交叉口进口道处	分向行驶车道
	设在人行横道两端，本案例中与停车让行和减速让行标志一起设置	人行横道
指路标志	交叉口进口道处，在指示标志上游	十字交叉路口

请按照"任务工单 4　道路交通标志认知"要求完成本任务。

任务5　道路交通标线认知

任务描述

针对一个道路网区域，分析其交通标线的类别，设置的位置和作用。

学习目标

知识目标
1. 掌握道路交通标线的种类。
2. 了解交通标线的相关规范。

技能目标
1. 能够熟练分析道路上交通标线设计。
2. 能够查询交通标线相关规范用于交通标线设计。

素养目标
使学生认识到"尺有所短、寸有所长""一花独放不是春，百花齐放春满园"，培养学生包容、团结的精神，做到共同进步，胸怀祖国，以服务人民为己任。

知识准备

1. 认识道路交通标线

道路交通标线是由施划或安装于道路上的各种线条、箭头、文字、图案及立面标记、实体标记、突起路标和轮廓标等所构成的交通设施，它的作用是向道路使用者传递有关道路交通的规则、警告、指引等信息，可以与交通标志配合使用，也可以单独使用。各等级公路和城市快速路、主干路按规定设置反光交通标线，其他道路可根据需要设置。

我国现行道路交通标线，按功能分为3类：指示标线、禁止标线和警告标线。

1）指示标线：指示车行道、行车方向、路面边缘、人行道、停车位、停靠站及减速丘等的标线。

2）禁止标线：告示道路交通的遵行、禁止、限制等特殊规定的标线。

3）警告标线：促使道路使用者了解道路上的特殊情况，提高警觉准备应变防范措施的标线。

道路交通标线的颜色为白色、黄色、蓝色或橙色，路面图形标记中可出现红色或黑色的图案或文字。道路交通标线的形式、颜色及含义见表2-27。

2. 道路交通标线的设计规定

（1）可跨越对向车行道分界线　可跨越对向车行道分界线（又称可跨越道路中心线）为单黄虚线，用于分隔对向行驶的交通流。一般设在道路中线上，但不限于一定设在道路的几何中心线上。凡路面宽度可划两条及以上机动车道的双向行驶的道路，在允许车辆越线超车或转弯时，应划可跨越对向车行道分界线，线段及间隔长分别为400cm和600cm，线宽为15cm，特殊情况下线宽可采用10cm，划法如图2-32所示。

表2-27 道路交通标线的形式、颜色及含义

编号	名称	图例	含义
1	白色虚线	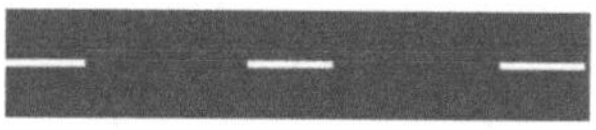	路段中用以分隔同向行驶的交通流；路口中用以引导车辆行进
2	白色实线		路段中用以分隔同向行驶的机动车、机动车和非机动车或指示车行道的边缘；路口中用作引导车道线或停止线，或引导车辆行驶轨迹
3	黄色虚线	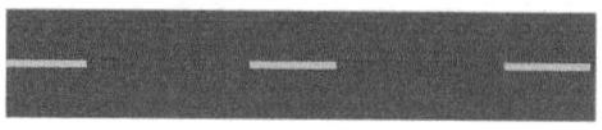	路段中用以分隔对向行驶的交通流或作为公交专用车道线；交叉口中用以告示非机动车禁止驶入的范围或用于连接相邻道路中心线的路口导向线；用于路侧或缘石上表示禁止路边长时间停放车辆
4	黄色实线		路段中用以分隔对向行驶的交通流或作为公交车、校车专用停靠站标线；用于路侧或缘石上表示禁止路边停放车辆；用于网格时表示禁止停车的区域
5	双白虚线	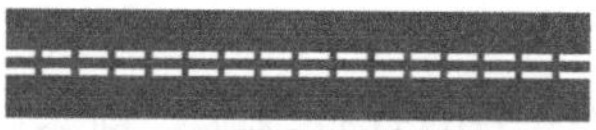	路口中作为减速让行线
6	双白实线		路口中作为停车让行线
7	白色虚实线		用于指示车辆可临时跨线行驶的车行道边缘，虚线侧允许车辆临时跨越，实线侧禁止车辆跨越
8	双黄实线		路段中用以分隔对向行驶的交通流
9	双黄虚线		城市道路路段中用于指示潮汐车道
10	黄色虚实线		路段中用以分隔对向行驶的交通流，实线侧禁止车辆越线，虚线侧准许车辆临时越线

（续）

编号	名称	图例	含义
11	橙色虚、实线	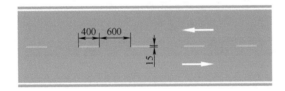	用于作业区标线
12	蓝色虚、实线		作为非机动车专用道标线；划为停车位标线时指示免费停车位

图 2-32　可跨越对向车行道分界线（单位：cm）

（2）可跨越同向车行道分界线　可跨越同向车行道分界线为白色虚线，用来分隔同向行驶的交通流，设在同向行驶的车行道分界上。同一行驶方向有两条或两条以上车行道，并允许车辆变换车道或短时跨越车行道分界线行驶时，应划可跨越同向车行道分界线，一般线宽为 10cm 或 15cm，特殊情况下线宽可采用 8cm。设计速度不小于 60km/h 的道路，可跨越同向车行道分界线线段及间隔长分别为 600cm 和 900cm；设计速度小于 60km/h 的道路，可跨越同向车行道分界线线段及间隔长分别为 200cm 和 400cm，如图 2-33 所示（图中箭头表示车流行驶方向）。

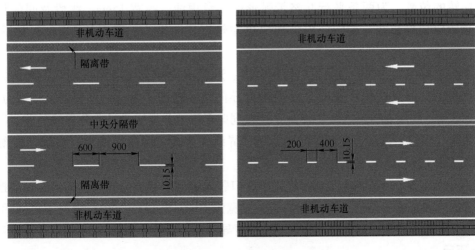

图 2-33　可跨越同向车行道分界线（单位：cm）

（3）潮汐车道线　潮汐车道上车辆行驶方向可随交通管理需要进行变化，两条黄色虚线并列组成的双黄虚线指示潮汐车道的位置。黄色虚线的宽度为15cm；线段与间隔长度应与同一路段的可跨越同向车行道分界线一致。在确保车行道宽度条件下，两条线之间的横向间距可适当调整，如图2-34所示。

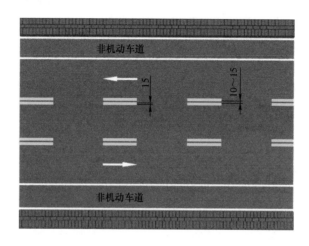

图2-34　潮汐车道线（单位：cm）

（4）车行道边缘线　车道边缘线是表示车道的分界线。车行道边缘线包括白色实线、白色虚线、白色虚实线和黄色单实线。白色实线用于指示禁止车辆跨越的车行道边缘或机非分界，线宽为15cm或20cm，特殊情况下可采用10cm；白色虚线用以指示车辆可临时越线行驶的车道边缘，线宽与白色实线相同，虚线线段及间隔长度分别为200cm和400cm；白色虚实线的虚线侧允许车辆越线行驶，实线侧不允许车辆越线行驶，用以规范车辆行驶轨迹；机动车单向行驶且非机动车双向行驶的路段，在机动车道与对向非机动车道之间设置黄色单实线，线宽与白色实线相同，如图2-35所示。

（5）左弯待转区　左弯待转区线为白色虚线，用来指示左转弯车辆在直行时段进入待转区等待左转的位置，为两条平行并略带弧形的白色虚线，线宽15cm，线段及间隔长均为50cm，前段应划停止线。待转区内需划白色左转弯导向箭头，箭头长300cm，如图2-36所示。

（6）路口导向线　在平面交叉口面积较大、形状不规则或交通组织复杂，车辆寻找出口车道困难或交通流交织严重时，设置路口导向线，辅助车辆行驶和转向，线型为虚线，实线段200cm，间隔200cm，线宽15cm。连接同向车行道分界线或机非分界线的路口导向线为白色圆曲（或直）虚线；连接对向车行道分界线的为黄色圆曲（或直）虚线，如图2-37所示。

（7）导向车道线　导向车道线是设置于路口驶入段的车行道分界线，指示车辆应按导向方向行驶的导向车道的位置，为白色实线，线宽为10cm或15cm，特殊情况下可采用8cm。施划了可变导向车道标线的导向车道内不应设置导向箭头，尺寸如图2-38所示，设置示例如图2-39所示。

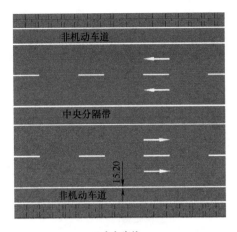

a) 白色实线

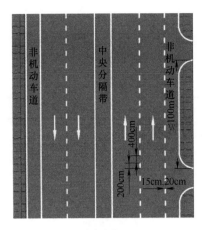

b) 白色虚线

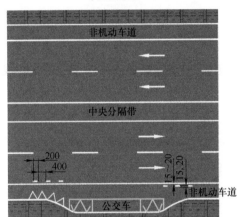

c) 白色虚实线

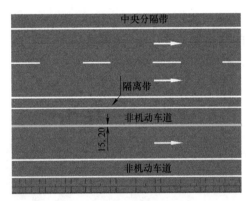

d) 黄色实线

图2-35 车行道边缘线（单位：cm）

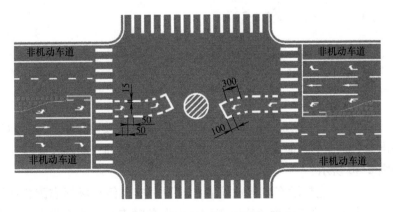

图2-36 左弯待转区线（单位：cm）

（8）人行横道线 人行横道线为白色平行粗实线。一般应在综合考虑行人交通流量、行人年龄段分布、道路宽度、机动车交通流量、车辆速度、视距等多种因素后，确定人行横道

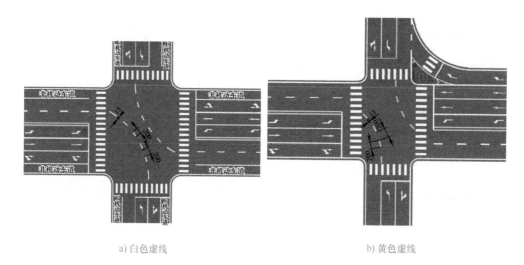

a) 白色虚线   b) 黄色虚线

图 2-37 路口导向线（单位：cm）

线的设置宽度和形式。路面宽度大于 30m 的道路上，应在中央分隔带或对向车行道分界线处的人行横道上设置安全岛。

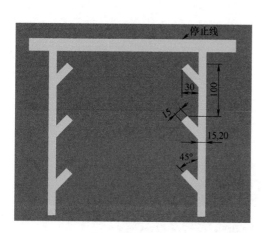

图 2-38 可变导向车道标线尺寸（单位：cm）

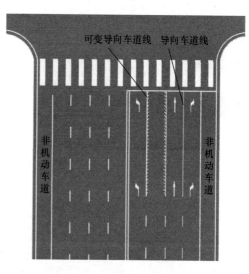

图 2-39 导向车道线设置示例

（9）道路出入口标线 道路出入口标线用于引导驶入或驶出车辆的运行轨迹，提供安全交汇，减少突出缘石碰撞的可能，一般由出入口的纵向标线和三角地带标线组成。出入口标线设置示例如图 2-40 所示。

（10）停车位标线 它标示车辆停放位置，设置时应与停车场标志配合使用。停车位标线的颜色为蓝色时表示此停车位为免费停车位，为白色时表示为收费停车位，为黄色时表示专属停车位。停车位标线的宽度为 6~10cm。按照停车位标线设置方式可分为平行式（车辆平行于通道方向停放）、倾斜式（车辆与通道方向呈 30°~60°夹角）、垂直式（车辆垂直于通道方向停放）3 种。

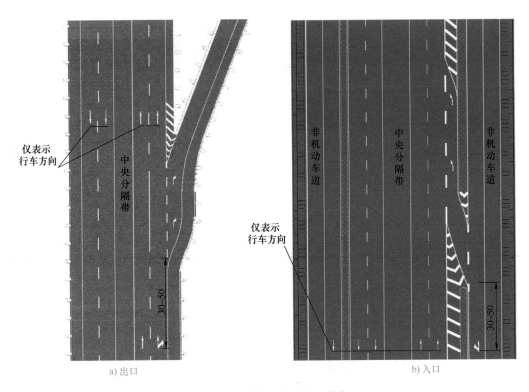

图 2-40 出入口标线设置示例（单位：cm）

（11）停靠站标线 停靠站标线包括港湾式停靠站标线和路边停靠站标线两种。港湾式停靠站标示车辆通向专门的分离引道的路径和停靠位置，由渐变段引道白色虚线、正常段外边缘白色实线或白色填充线组成，如图 2-41 所示。路边式停靠站标线指示公共汽车或校车停靠站的位置，并指示除这两种车之外其他车辆不得在此区域停留。其标线的外围为黄色实线，内部填充黄色实折线，并在中间位置标注停靠车辆的类型文字，如图 2-42 所示。

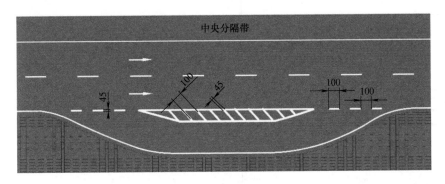

图 2-41 港湾式停靠站标线（单位：cm）

（12）导向箭头 导向箭头用以指示车辆的行驶方向，其基本形状尺寸及含义见表 2-28，其尺寸与设计速度有关，随着设计速度增加而变大。在设计速度不大于 40km/h 情况下采用表 2-28 中导向箭头的尺寸。导向箭头的颜色为白色，可根据实际车道导向需要设置，组合使用时不宜超过 2 种方向。

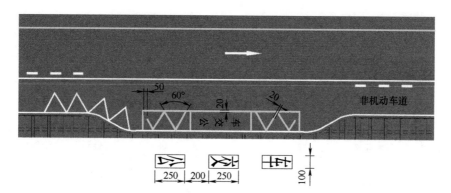

图 2-42 路边式停靠站标线（单位：cm）

表 2-28 导向箭头的基本形状、尺寸及含义 （单位：cm）

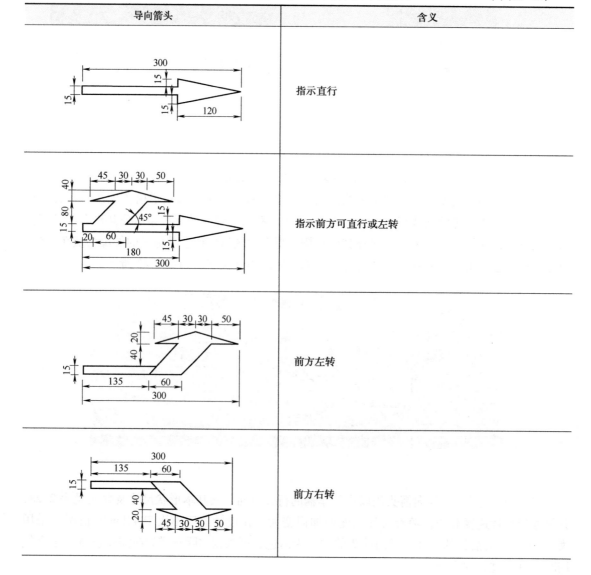

导向箭头	含义
	指示直行
	指示前方可直行或左转
	前方左转
	前方右转

（续）

导向箭头	含义
	指示前方可直行或右转
	前方掉头
	指示前方可直行或掉头
	指示前方可左转或掉头
	指示前方仅可左右转弯
	指示前方道路有左弯或需向左合流

（续）

导向箭头	含义
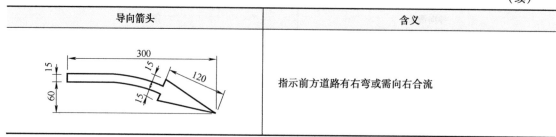	指示前方道路有右弯或需向右合流

（13）禁止跨越对向车行道分界线　禁止跨越对向车行道分界线有双黄实线、黄色虚实线和单黄实线 3 种类型，用于分隔对向行驶的交通流，并禁止双方向或一个方向车辆越线或压线行驶。一般设在道路中线上，但不限于一定设在道路的几何中心线上。

双黄实线作为禁止跨越对向车行道分界线时，禁止双方向车辆越线或压线行驶。一般施划于单方向有两条或两条以上机动车道而没有设置实体中央分隔带的道路上，除交叉路口或允许车辆左转弯（或掉头）路段外，均应连续设置，可采用振动标线的形式。黄色实线线宽一般为 15cm，特殊情况下可降低至 10cm，两标线的间隔一般为 10～30cm，如图 2-43 所示。

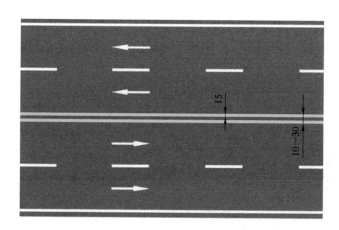

图 2-43　双黄实线禁止跨越对向车行道分界线（单位：cm）

黄色虚实线的实线一侧禁止车辆越线或压线行驶，虚线一侧准许车辆暂时越线或转弯。越线行驶的车辆应避让正常行驶的车辆。实线线宽和两条线之间的间隔与双黄实线相同，虚线段与间隔长分别为 400cm 和 600cm，如图 2-44 所示。

黄色单实线作为禁止跨越对向车行道分界线时，禁止双方向车辆越线或压线行驶。一般施划于单方向只有一条车道或一条机动车道和一条非机动车道道路、视距受限制的竖曲线、平曲线路段及有其他危险需要禁止超车的路段，可采用振动标线的形式。标线线宽 15cm，在路面较宽时，为保证车行道宽度不大于 3.75m，黄色单实线线宽可适当增加，最大为 30cm，如图 2-45 所示。

（14）禁止跨越同向车行道分界线　该标线用于禁止车辆跨越车行道分界线进行变换车道或借道超车，为白色实线，一般线宽 10cm 或 15cm，特殊情况下可采用 8cm，可采用振动标线的形式，如图 2-46 所示。

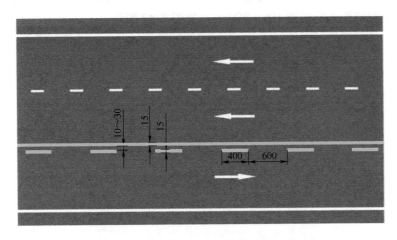

图 2-44 黄色虚实线禁止实线一侧跨越对向车行道分界线（单位：cm）

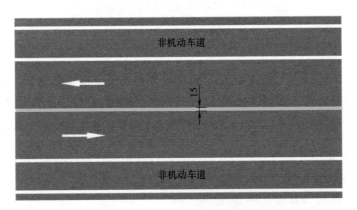

图 2-45 黄色单实线禁止跨越对向车行道分界线（单位：cm）

图 2-46 禁止跨越同向车行道分界线（单位：cm）

（15）停止线 停止线表示车辆让行、等候放行等情况下的停车位置，为白色实线。双向行驶的路口，停止线应与对向车行道分界线连接；单向行驶的路口，其长度应横跨整个路面。线的宽度根据道路等级、交通流量、行驶速度的不同选用20cm、30cm 或40cm。设有人行横道时，停止线应距人行横道100~300cm，如图2-47 所示。

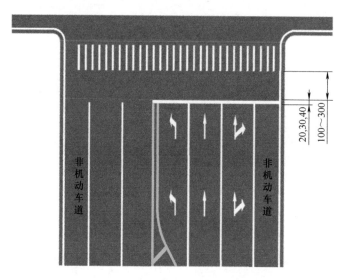

图 2-47　停止线（单位：cm）

（16）让行线　停车让行线表示车辆在此路口应停车让干道车辆先行，设有"停车让行"标志的路口，除路面条件无法施划标线外均应设置停车让行标线，为两条平行白色实线和一个白色"停"字。白色实线宽度20cm，间隔20cm，"停"字宽100cm，高250cm，如图2-48 所示。

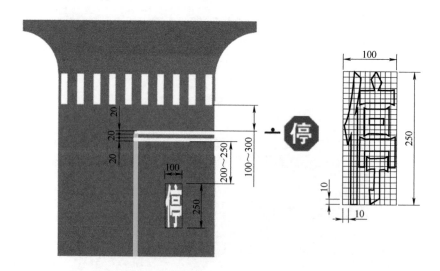

图 2-48　停车让行线（单位：cm）

减速让行线表示车辆在此路口应减速让干道车辆先行。设有"减速让行"标志的路口，除路面条件无法施划标线外均应设置减速让行标线，为两条平行的虚线和一个倒三角形，颜色为白色。虚线宽20cm，两条虚线间隔20cm。倒三角形底宽120cm，高300cm，如图2-49

所示。

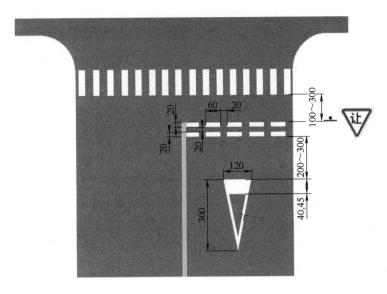

图 2-49　减速让行线（单位：cm）

（17）中心圈　中心圈可设在平面交叉路口的中心，用以区分车辆大、小转弯或作为交叉口车辆左右转弯的指示，车辆不得压线行驶，有圆形和菱形两种形式，颜色为白色。中心圈直径及形状根据交叉口大小确定，圆形的直径不小于120cm，菱形的对角线长度不小于150cm，如图2-50所示。

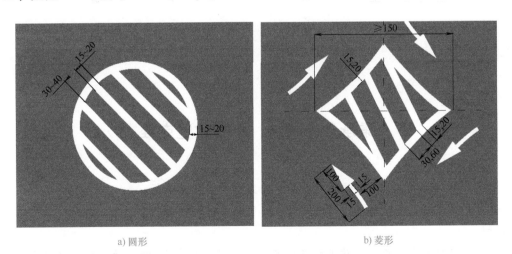

a) 圆形　　　　　　　　　　　　b) 菱形

图 2-50　中心圈（单位：cm）

（18）立面标记　立面标记用以提醒驾驶人注意，在车行道或近旁有高出路面的构造物。可设在靠近道路净空范围的跨线桥、渡槽等的墩柱立面、隧道洞口侧墙端面及其他障碍物立面，一般应涂至距路面2.5m以上的高度。标线为黄黑相间的倾斜线条，斜线倾角为45°，线宽为15cm。把下倾斜的一边朝向车行道，如图2-51所示。

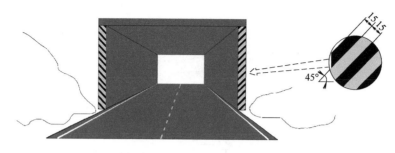

图 2-51 立面标记（单位：cm）

（19）突起路标 突起路标是固定于路面上起标线作用的突起标记块，可用来标记对向车行道分界线、同向车行道分界线、车行道边缘线等，也可用来标记弯道、进出口匝道、导流标线、道路变窄、路面障碍物等危险路段。它与标线配合使用时，应选用主动发光型或定向反光型，颜色与标线颜色一致，布设间隔为 6～15m，也可依据实际情况适当加密。突起路标有多种形状，典型示例如图 2-52 所示。

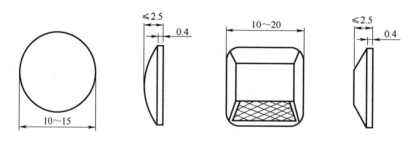

图 2-52 突起路标的形状示例（单位：cm）

秉承创新精神，不断攻坚克难

1. 案例一

车道和信号灯也有编号？注意！岳阳这个路口要看编号通行。

这里到底该怎么走？编号的作用是什么？简单来说，就是在车道内，看对应编号的信号灯通行！

红树湾路口距人寿路口（建湘路与巴陵中路交叉口）仅 240m，距离短，以前只要红树湾路口开启信号控制，高峰时段红树湾路口的车辆排队就会溢出，时常将人寿路口堵得水泄不通，不得不将红树湾路口信号设置为黄闪模式。但由于该路口交通流量较大，黄闪时车辆自组织极易出现车流绞死，早晚高峰均由民警现场指挥干预。由此，不但民警工作量极大，还存在较大安全隐患，遇阴雨冰雪天气，民警执勤时间更长，市民出行安全隐患更大。对此，市公安局交警支队聘请南京工业大学专业团队多次组织实地调研，采取分车道设置南进口信号配时方案，后续还将采取增加西进口慕阜路禁左、北进口优化为3个车道等配套措施，在更大程度上解决该路口交通组织难题。采取精细化信号配时后，交通秩序、通行效率显著提升。后期，还将对路口进行深度优化。

红树湾路口的南进口设置了3个车道，车道与信号灯均标有编号（图2-53）。共设3个信号阶段：南进口放行、北进口直行和南进口3号车道直行、西进口左转（图2-54）。

图2-53 南进口车道编号与信号灯编号对应

图2-54 3个信号相位

岳阳交警提示广大驾驶人朋友，行经红树湾路口时，务必按照所在车道编号对应的信号灯指示通行，避免交通违法。

通过这个案例同学们有什么感想？在满足交通规范要求的同时，应根据具体交通问题活学活用，通过不断创新，为人们出行提供更好的服务！

2. 案例二

1）图2-55中白色菱形图案为人行横道预告标示，表示前方已接近人行横道，须减速慢行，注意横过马路的行人。

2）图 2-56 中左转弯导向线采用白色虚线表示左转弯的机动车和非机动车之间的分界。

3）图 2-57 中的白色类似人行横道线的是在高速公路上的车距确认标线，用以提供保持安全车距的参考，与车距确认标志配合使用。

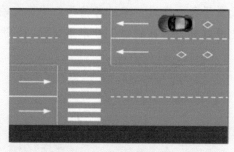

图 2-55　人行横道预告标示

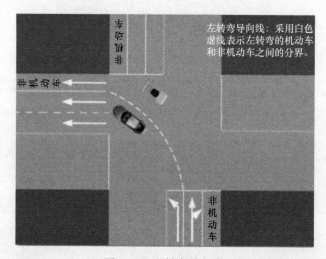

图 2-56　左转弯导向线

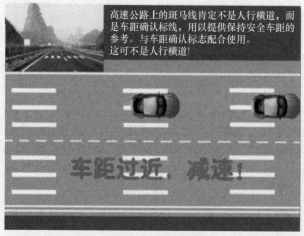

图 2-57　车距确认标线

实施与评价

案例：某平面交叉口如图2-58所示，试找出该图中的交通标线设计。

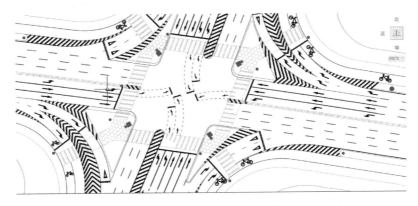

图2-58 交叉口交通设计

解答：该交叉口设置的交通标线见表2-29。

表2-29 交通标线种类、设置地点及图符示例

种类	设置地点	图符示例
指示标线	同向车道分界处	可跨越同向车道线
	机动车与非机动车分界处	车行道边缘线
	左转弯专用车道前端，伸入交叉路口内	左转弯待转区线
	本案例中设置在桥的入口处	人行横道线
	交叉入口车道内	导向箭头

（续）

种类	设置地点	图符示例
指示标线	非机动车道起点或车道中	 非机动车路面标记
禁止标线	对向车道分界处	 禁止跨越对向车行道分界线
	同向车道分界处	 禁止跨越同向车行道分界线
	进口道停车线处	 停止线
	此案例中设置在交叉口右转车流汇入主路处	 减速让行线
	此案例中设置在交叉口右转弯处引导右转车流	 导流线

请按照"任务工单5 道路交通标线认知"要求完成本任务。

道路交通信号控制机认知

 项目描述

　　道路交通信号控制机包括硬件和软件两部分，硬件放置在交叉路口，与信号灯相连，同时通过网络与交通警察指挥中心的控制软件连接；信号控制软件能够实现信号机的联网控制，远程重启信号机，远程调整信号配时方案。随着新型检测器的开发和普及，感应控制和自适应控制是未来发展的重点，因此信号控制机一般都会预留外接检测器的接口。

　　道路交通信号控制机（以下简称信号机）是能够改变道路交通信号顺序、调节配时并能控制道路交通信号灯运行的装置。信号机是交通信号控制系统指挥、调度、管理和疏导道路交叉口交通流运行的执行单元，具有控制和通信的功能。

　　本项目要求根据《道路交通信号控制机》（GB 25280—2016）的规范内容，了解信号机的基本结构，熟练操作信号控制软件平台，安装、调试信号机正常运行。

任务6　道路交通信号控制机硬件结构认知

任务描述

　　针对具体教学实训的道路交通信号机设备，熟悉信号机的类型、编码规则、性能和通信等内容，并分组进行安装、接线和开机检测等操作。

学习目标

知识目标
1. 掌握信号机的硬件结构标准规范。
2. 掌握信号机的硬件组成模块。

技能目标

1. 熟练进行道路交通信号机硬件安装与调试操作。

2. 能够查询道路交通信号机相关规范。

素养目标

培养学生创新能力，树立为"建设人民满意交通"做贡献的正确思想。

 **知识准备**

一、信号机分类

1. 按安装环境分类

根据信号机安装环境的不同，可分为室内机和室外机两类：室内机安放在室内、室外机箱等非露天环境中工作；室外机可直接安装在露天环境工作。

2. 按使用形式分类

根据信号机使用形式的不同，可分为固定式信号机和移动式信号机。

3. 按功能分类

信号机按信号控制功能分为 A、B、C 三类，见表 3-1。

表 3-1　按信号机控制功能分类

序号	信号机控制功能	A 类信号机	B 类信号机	C 类信号机
1	黄闪控制	●	●	●
2	多时段控制	●	●	●
3	手动控制	●	●	●
4	感应控制		●	●
5	无电缆协调控制		●	●
6	联网控制	○	○	●
7	单点优化控制		○	●
8	公交信号优先			●
9	紧急事件优先			●

注："●"为应具备的功能，"○"为宜具备的功能。

二、信号机型号编制规则

信号机的型号包括功能分类、安装环境、使用形式、耐温等级和企业自编码，如图 3-1 所示。

三、信号机性能要求

信号机的标准，经历了不断地更新，目前我国采用的是《道路交通信号控制机》（GB 25280—2016）。

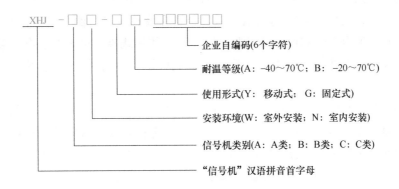

图 3-1 信号机型号编制规则

1. 电源及电气装置要求

1）一般要求。信号机内部电气装置及部件的布局应合理，使操作人员在安装、使用、维修时安全、方便，所有机架安装设备的布置要做到在拆除时不会影响其他邻近设备。

地面安装室外机内部的任何电气部件距机柜底部的距离应不小于 200mm。

2）电源。信号机主电源额定电压：交流 220V ± 44V、50Hz ± 2Hz。

3）开关。信号机应安装具备过载、短路保护功能的电源总开关，开关的额定电压、额定电流值应符合交流 380V、20A 的最低容量要求。信号机应有独立的，具备过载、短路保护功能的灯具驱动输出回路开关，开关额定电压及额定电流应符合交流 380V、20A 的最低容量要求。信号机应提供单独的备用电源接入端子，备用电源通过转换开关接入电源总开关，转换开关的额定电压、额定电流应符合 380V、20A 的最低容量要求。

4）避雷装置。信号机的电源输入端及灯控信号输出端应安装避雷装置及元件，或采取其他避雷措施，信号机机柜内应有独立的避雷接地端子，并不得与其他接地端子共用。

5）灯控器件。输出信号的灯控器件应采用光耦合器、固态继电器或其他器件，使输出的灯控强电信号与内部电路有效隔离。在灯具驱动输出的每一回路中应安装熔断器，在短路时保护灯控器件。

6）内部照明装置。室外机在机柜内应设有照明装置，满足机柜内部照明要求。

7）接线端子。灯控信号组输出端的接线端子应符合交流 220V、5A 的最低额定容量要求。接线端子排（组）应牢固固定于信号机机柜或机架上。在进行接、拆信号线等正常操作时，接线端子排（组）不应有松动现象。信号输出端子应采用压线式接线端子、接插件端子等可靠方式连接。在连接完毕后，导线不应有松动现象。

在正常使用中，当机柜门打开及所有面板和盖板处于正常位置时所暴露出来的承载交流 220V 电压的接线端子或带电部件，应采取凹入式保护、固定挡板、绝缘包覆或其他方式进行防护，这些防护措施应无法被轻易拆除，设备维修情况除外。

8）导线。信号机内的导线均应使用铜线，其中电源导线至少应有 20A 的电流容量，信号机接地端子连接导线应有 40A 的电流容量。

9）布线。信号机的内部导线需有适当的保护，以保证这些导线不会接触可能会引起导线绝缘损伤的部件，当导线需穿越金属孔时，金属穿线孔应进行倒角，不得有锋利的边缘，导线应装有衬套。所有终端和设施接线要布置整齐，使用线夹、电缆套、电缆卷或管道固定好，线束内的线路要编扎好，走线安排要做到任何接线总成的拆除不会影响到与该总成无关的电缆。

10）接地。信号机需在机箱内设置专门的接地端子。信号机机柜及其内部电路单元固定支架、固定螺栓等在正常使用操作中易触及的金属零部件均应与接地端子连接，并保证各部件接地的连续性。所有承载交流 220V 电压部件的金属外壳应与接地端子连接。所有与接地端子连接导线均应为黄和绿双色导线或铜编织线，截面不小于 $6mm^2$。

11）负载要求。信号机在输出驱动阻性、容性、感性负载的信号灯时均应工作正常。在连接以上形式负载的情况下，信号机驱动关闭时，信号灯应熄灭并且输出端电压小于交流 30V。

2. 电气安全要求

1）电源适应性要求。在表 3-2 所列的各种供电电源情况下，信号机的各项功能均应正常，不应出现任何异常现象。

表 3-2 电源适应性试验

序号	供电电源	工作时间
1	264V、48Hz	1h
2	264V、52Hz	1h
3	176V、48Hz	1h
4	176V、52Hz	1h

2）绝缘要求。信号机电源电极或与电源电极相连的其他导电电路和机柜、安装机箱等易触及部件（不包括避雷器）间的绝缘电阻应不小于 $10M\Omega$，经恒温恒湿试验后，绝缘电阻不应低于 $5M\Omega$。

3）耐压要求。在电源电极或与之相连的其他导电电路和机柜、安装机箱等易触及部件（不包括避雷器）之间施加 1500V、50Hz 试验电压，试验中不应出现击穿现象，漏电流不应超过 10mA，试验后信号机应无电气故障，功能应正常。

3. 电磁抗扰度性能要求

被测信号机在静电放电、电快速瞬变脉冲群、浪涌、电压短时中断等电磁干扰环境下不应出现电气故障，信号机主控、灯输出驱动控制模块试验结果评定应符合 GB/T 17626.2、GB/T 17626.4、GB/T 17626.5、GB/T 17626.11 系列标准中 1 级要求，即不允许其基本功能暂时降低或丧失；通信、车辆检测及其他辅助功能模块试验结果评定应符合 GB/T 17626.2、GB/T 17626.4、GB/T 17626.5、GB/T 17626.11 系列标准中 2 级要求，即允许其基本功能暂时降低或丧失，但在试验结束后应能自行恢复正常。信号机内存储的方案数据不应丢失。

4. 气候环境适应性要求

信号机气候环境适应性应符合以下要求：

1）信号机在承受高温高电压、低温低电压、低温启动和恒温恒湿等各项气候环境试验时，试验中及试验后应无任何机械损伤和电气故障，功能应保持正常。

2）信号机在雨淋试验中及试验后，工作均应正常，机柜内应无渗水或积水现象。

注意： 雨淋试验仅适用于室外机。

3）信号机在承受盐雾试验后，工作应正常，机柜、内部机架等金属部件不应有严重锈蚀情况。

4）信号机在承受粉尘试验中及试验后，工作均应正常，机柜内应无大量积尘。

注意： 粉尘试验仅适用于室外机。

5. 机械环境适应性要求

信号机在承受振动、冲击试验后，应保持其物理结构的完整性，信号机及其内部结构单元不应产生永久的结构变形、机械损伤、电气故障，紧固部件不应松动。信号机内部电路、电路板和接口等插件不应有脱落、松动或接触不良现象。试验中及试验后功能应保持正常。

6. 机械强度要求

机柜在承受钢球冲击试验后，外壳表面的损坏不应触及危险零部件、不应影响信号机正常工作及使用操作，不应影响安全及信号机的防水性能。

7. 连续工作稳定性

信号机接信号灯或阻性负载连续通电工作 240h，不应出现任何故障。

四、信号机功能要求

1. 基本功能

1）一般要求。信号机基本功能的一般要求如下：

① 按照 GB 14886 规定的信号灯显示和灯色转换要求，控制信号灯运行状态。

② 信号机内部的日历时钟，在 0 ~ 40℃ 条件下，误差不超过 ±20s/10d。

③ 如无特殊规定，下文中信号持续时间的调节步长均为 1s。

④ 黄灯信号频率为每分钟 55 ~ 65 次，信号亮暗时间比为 1:1。其中，卤钨灯光源的闪光信号频率允许降低，不得低于每分钟 30 次，信号亮暗比不大于 1:1。

⑤ 人行横道信号灯绿闪信号频率、信号亮暗比同黄闪信号。

⑥ 在控制方式转换、配时方案变化时，信号显示状态应实现平滑过渡。

2）启动时序。当信号机通电开始运行时，应先进行自检，然后按如下时序启动：

① 相位应先进入黄闪信号，持续时间至少 10s。

② 黄闪信号结束后应进入红灯状态，持续时间至少 5s。

③ 启动时序结束后，信号机按预设置的方案运行。

3）信号转换。

① 基本转换序列。机动车、非机动车、行人过街信号基本转换序列应符合 GB 14886 的规定。

② 信号持续时间。绿灯、红灯、绿灯闪烁、黄灯持续时间可调整。

4）手动控制。应能够通过手动控制装置控制信号机的运行。

5）控制方式转换。信号机自动控制与手动控制进行相互转换时应符合如下要求：

① 信号机从自动控制方式转入手动控制方式时，手动开关作用以后，应保持原有相位的最小绿灯时间。

② 从手动控制方式转入自动控制方式时，信号状态不可突变，各相位信号应保持转换时的状态，并从当前信号状态开始以自动控制方式运行。

6）设置功能。信号机应能通过操作面板或手持终端进行控制方式的设置和信号参数的调整，具有联网控制功能的信号机，可以通过通信接口接收并执行上位机的控制方式设置和参数调整等指令。具有操作面板设置功能的信号机，应通过参数设置口令实现控制方式的设置和信号参数的调整。

2. 故障监控功能要求

(1) 一般要求　信号机应具备完备的故障监测和自诊断功能，故障发生后应采取适当措施，并发出故障警示信号。

(2) 黄闪控制装置　信号机应具有独立于灯具驱动输出电路的黄闪控制装置，信号机无法正常工作时，应能通过独立的黄闪控制装置将信号输出切换为黄闪状态。

(3) 故障处理

1）严重故障。发生以下严重故障，信号机应立即进入黄闪或关灯状态：

① 绿冲突故障。

② 信号组所有红灯均熄灭。

③ 信号灯组红灯、绿灯同时点亮。

④ 影响道路交通安全的其他严重故障。

2）一般故障。发生以下故障，信号机应能够在功能降级的情况下继续运行：

① 黄灯、绿灯故障。

② 通信故障。

③ 检测器故障。

④ 影响信号机正常运行的其他故障。

(4) 故障信息存储　具备联网控制功能的信号机应能存储故障信息并及时上传。不具有联网控制功能的信号机应在本地存储故障信息。所存储的信息应能在信号机或与信号机相连的外部设备（该设备可检索并显示储存信息）上显示、查阅。信号机至少应能连续记录 3000 条故障信息，记录采用循环覆盖的方式，应能对故障记录信息进行人工清除。

(5) 故障信息内容　故障信息的内容应包括：

1）以代码或文本形式记录下来的故障类型与细节。

2）故障发生的时间与日期。

3）故障清除的时间与日期。

3. 信号机的控制功能要求

1）A类信号机。A类信号机应能实现如下功能：

① 具备黄闪控制功能。

② 具备多时段控制功能，提供至少4个独立的信号组输出，其中至少2个信号组可以作为行人灯信号；能设置至少10个时段，10种以上控制方案；能根据不同周日类型对方案进行调整。

③ 具有手动控制功能。

④ 具备信号机识别码、信号机型号等信息的存储和读取功能。

⑤ 具有响应行人过街请求功能的，至少提供2个行人按钮检测器接口，行人请求方式、响应时间、放行时间可设定。

⑥ 信号机出现故障应能按如下顺序降级：行人请求→定时控制→黄闪。

2）B类信号机。B类信号机应能实现如下功能：

① 应具备A类信号机的全部功能。

② 应具有感应控制功能，能提供至少8个车辆检测器信号接口，可扩展至16个；最大绿灯时间和最小绿灯时间应可根据交叉口、路段（匝道）的实际情况进行设置。

③ 具有无电缆协调控制功能，能进行定期校时，实现无电缆协调控制。

④ 信号机出现故障应能按如下顺序降级：无电缆协调控制→感应控制→定时控制→黄闪。

3）C类信号机。C类信号机应能实现如下功能：

① 具备B类信号机的全部功能；提供至少8个相位控制，可扩展至16个以上相位控制；提供至少8个独立信号组输出，可扩展至16个以上独立信号组输出。

② 具有联网控制功能，通过通信接口与上位机或其他信号机连接。

③ 具有单点优化控制功能，能够根据采集的交通流量信息，调整绿灯、红灯时间。

④ 具有优先控制功能，能够实现公交车辆等优先通行。

⑤ 信号机出现故障应能按如下顺序降级：上位机控制→无电缆协调控制→感应控制→定时控制→黄闪。

五、信号机的通信协议

《交通信号控制机与上位机间的数据通信协议》（GB/T 20999—2007）的颁布，有利于国内企业和研究机构掌握城市交通信号控制系统的核心技术，开发具有自主知识产权的关键设备，从而显著提升国内企业的核心竞争力。经历一次修订后，目前我国采用的是《交通信号控制机与上位机间的数据通信协议》（GB/T 20999—2017）版本（以下简称《协议》），于2018年7月1日实施。

《协议》规定了交通信号控制机与上位机间的数据通信协议的结构，如图3-2所示，包括物理层、数据链路层、网络层和应用层。除应用层外，每一层提供了多种选择方案，符合本标准的协议至少实现从上到下的一个相容协议栈。

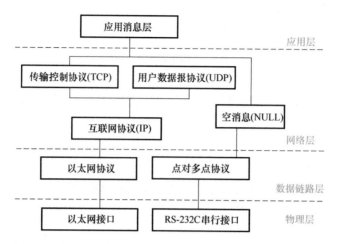

图 3-2　我国交通信号控制机与上位机间的数据通信协议结构

1. 物理层

物理层主要由通信基础设施（铜线、同轴电缆、光纤、无线传输）组成，实现比特流的传输和接收。

物理层接口包括 RS-232C 数据终端设备接口和以太网口，应至少满足其中的一种物理层接口。RS-232C 数据终端设备接口的实现应符合以下规定：

字节结构为 1 个起始位，8 个数据位，1 个校验位，1 个结束位；接口提供的信号应至少包括下列信号：地（Earth Ground）、数据发送（Transmit Data）、数据接收（Receive Data）；接口支持比特率至少包括：1200bit/s、2400bit/s、4800bit/s、9600bit/s 和 19200bit/s。

以太网口的实现至少提供 RJ45 10Base-T 双绞线接口。

2. 数据链路层

数据链路层定义提供的服务，规定了协议编码（语法）、过程和使用的参数。数据链路层提供的协议包括点对多点协议和以太网协议，具体实现应至少满足其中的一种。

点对多点协议的实现要求应符合 GB/T 17547—1998 的规定。以太网协议的实现应符合 IEEE802.2/3：1985 的规定。

3. 网络层

网络层具有多种协议识别功能，定义相关的协议编码（语法）及过程。网络层提供的协议包括 NULL 协议、TCP/IP 协议、UDP/IP 协议，具体实现应至少满足其中的一种。

NULL 协议的实现要求应符合 GB/T 15126—2008 的相关规定。IP 协议的实现应符合 RFC0791 的规定，TCP 协议的实现应符合 RFC0793 的规定，IP 协议的实现应符合 RFC0791 的规定，UDP 协议的实现应符合 RFC0768 的规定。

4. 应用层

应用层规定通信协议规程。通信规程见《交通信号控制机与上位机间的数据通信协议》（GB/T 20999—2017）附录 A，附录 B，附录 C 和附录 D 的 D.1。

知识拓展

红灯停、绿灯行；左转不亮看直行；右转不亮不用停

有驾驶人向南京交管部门反映，中山南路淮海路路口和北京西路西康路路口交通信号灯相比之前有变化，中间灯是圆的，右边灯不亮（图3-3），这个路口该怎么走？其实这并不是信号灯故障，而是这两个路口采用了新版信号灯国家标准，之后还将在全市推广。

从2017年7月1日开始，中国国家标准化管理委员会发布的《道路交通信号灯设置与安装规范》（GB 14886—2016）（以下简称新国标）已开始正式实施，并替代2006版国标，信号灯新标如图3-4所示，由箭头和圆盘灯组成。

图3-3 交通信号灯相比之前有变化

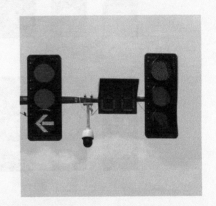

图3-4 信号灯新标

新国标最直观的变化，就是将原来路口采用的箭头灯（图3-5所示为3个方向均为箭头指示灯），改为圆盘灯＋方向指示灯（图3-6）。

图3-5 3个方向均为箭头指示灯

图3-6 圆盘灯＋方向指示灯

满屏灯红灯亮时，右转车辆是否要等待绿灯？如果右转了，算不算闯红灯？到底怎么走才是对的？

右转箭头绿灯不亮，直行箭头灯改为圆盘灯，左右转仍看左右转箭头灯通行，如图 3-7 所示。

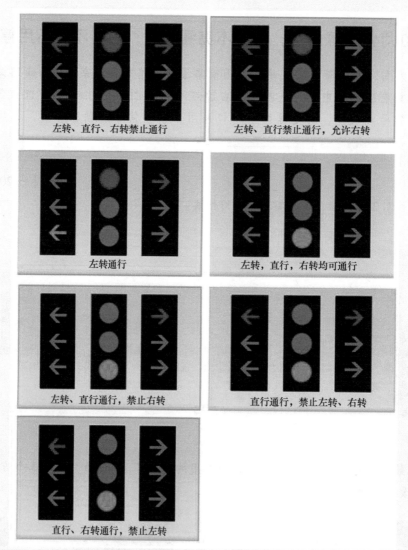

左转、直行、右转禁止通行

左转、直行禁止通行，允许右转

左转通行

左转，直行，右转均可通行

左转、直行通行，禁止右转

直行通行，禁止左转、右转

直行、右转通行，禁止左转

图 3-7　箭头-圆盘灯通行规则

现在梳理一下：先记住圆盘灯的通行规则，即圆盘绿灯，左右转不亮，三个方向均可通行；圆盘绿灯，右转红灯，右转不可通行；圆盘红灯，右转不亮灯，右转可通行。其实秘诀就是，看右边！发现了吗，只要右边灯不红，如图 3-8 所示，放心大胆向右走！只要亮红灯，无论哪个方向都不能走！

各路口多使用箭头方向指示灯，但其实左转箭头指示与对向而来的右转车辆、右转箭头指示与直行的行人、非机动车也往往存在冲突，因此增加了路口的安全隐患。通过采用信号灯新国标，则可以避免此类交通事故，降低路口安全风险。

请同学们思考采用满屏灯后，信号灯与信号机的连接是否有影响？

图 3-8　右转灯显示状态

实施与评价

以 GY8000 为例，了解道路交通信号控制机硬件结构。该型号交通信号控制机为联网协调式信号控制机，符合《道路交通信号控制机》（GB 25280—2016）的规范要求，并通过了公安部权威检测中心检测。GY8000 信号机外观如图 3-9 所示。

图 3-9　GY8000 信号机外观

一、信号机的类型

1. 安装环境

GY8000 需要安装在室外的机箱内，工作温度为 −40～70℃。

2. 使用形式

GY8000 需要安装在交叉口的固定位置。

3. 信号机功能

按照信号机的功能分类，GY8000 具备联网控制、单点优化控制、公交信号优先、紧急事件优先、感应控制、无电缆协调控制、多时段控制、黄闪控制、手动控制、行人过街请求等多种工作方式，属于 C 类，见表 3-3。

表 3-3　信号机类别及基本控制功能分类

序号	信号机控制功能	A 类信号机	B 类信号机	C 类信号机	GY8000
1	黄闪控制	●	●	●	√
2	多时段控制	●	●	●	√
3	手动控制	●	●	●	√
4	感应控制		●	●	√
5	无电缆协调控制		●	●	√
6	联网控制	○	○	●	√
7	单点优化控制		○	●	√
8	公交信号优先			●	√
9	紧急事件优先			●	√
10	行人过街请求				√

注："●"为应具备的功能，"○"为宜具备的功能，"√"为具备的功能。

二、信号机的编制规则

根据 GY8000 信号机的类型，可以给出该信号机的编码，如图 3-10 所示。

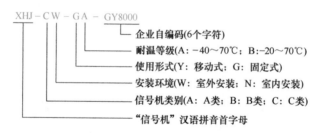

图 3-10　GY8000 信号机编码

三、信号机的性能

1. 电源及电气装置

1）一般要求。GY8000 信号控制机的硬件电路采用了模块化设计的思想。信号机机体主要由控制箱、配电单元、接线端子和机柜组成：控制箱主要包括主控板、通信板、灯驱板和电源板，由总线连接在一起；配电单元由空气开关、插座、漏电保护和避雷模块等组成。整机全模块化（插件单元）设计，系统的硬件配置可做弹性调整，机器维修能简化为功能模块现场快速替换，GY8000 信号机内部结构如图 3-11 所示，其内部电气部件距机柜底部的距离大于 200mm。

2）电源。交流输入 220V ±44V AC，50 ±2Hz。

3）开关。该信号机安装具备过载、短路保护功能的电源总开关，参数均满足国标规范要求。具有单独的备用电源接入端子，且备用电源通过转换开关接入电源总开关，如图 3-12 所示。

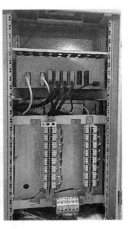

图 3-11 GY8000 信号机内部结构

4）避雷装置。220V 输入防雷：在电源输入端安装有三级避雷器［额定放电冲击电流不小于 15kA（8/20μs）］，可大大减少雷电对设备的影响。220V 输出防雷：在每路输出端通过压敏电阻保护雷电对设备的破坏。信号防雷：在 RS485、网络上安装瞬态抑制器、0Ω 电阻、气体放电管，防止雷电通过信号线破坏设备，如图 3-13 所示。

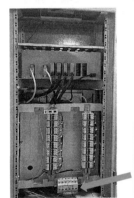

a) 电源总开关位置

b) 主备电转换开关位置

图 3-12 GY8000 信号机的电源
总开关和主备电转换开关

a) 防雷装置位置

b) 网络防雷器

图 3-13 GY8000 信号机的避雷装置

5）灯控器件。灯控器件采用光耦合器、继电器等器件，使输出的灯控强电信号与内部电路有效隔离。在灯具驱动输出的每一回路中安装有熔断器，在短路时保护灯控器件，如图 3-14 所示。

a) 灯驱板　　　　　　b) 灯驱板内部结构　　　　　c) 接线柱

图 3-14　GY8000 信号机的灯驱板和接线柱

6）接线端子。灯控信号组输出端的接线端子符合交流 220V、5A 的最低额定容量要求。接线端子排牢固固定于信号机机柜内。在进行接、拆信号线等正常操作时，接线端子排不会有松动现象。信号输出端子采用压线式接线端子方式连接。在连接完毕后，导线无松动现象，如图 3-15 所示。

图 3-15　GY8000 信号机的接线排

在正常使用中，当机柜门打开及所有面板和盖板处于正常位置时所暴露出来的承载交流 220V 电压的接线端子或带电部件，应采取凹入式保护、固定挡板、绝缘包覆或其他方式进行防护，这些防护措施应无法被轻易拆除，设备维修情况除外。

7）接地。信号机在机箱内设置专门的接地端子，如图3-16所示。信号机机柜及其内部电路单元固定支架、固定螺栓等在正常使用操作中易触及的金属零部件均应与接地端子连接，并保证各部件接地的连续性。所有与接地端子连接导线均应为黄和绿双色导线或铜编织线，截面积不小于6mm^2。

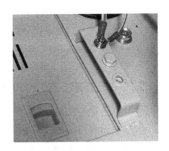

图3-16　GY8000信号机的接地端子

2. 电气安全指标

1）电源适应性。信号机分别在264V/48Hz、264V/52Hz、176V/48Hz、176V/52Hz的电源条件下通电运行1h，各项功能均正常，见表3-4。

表3-4　GY8000电源适应性试验

序号	供电电源	工作时间	试验结果
1	264V、48Hz	1h	正常
2	264V、52Hz	1h	正常
3	176V、48Hz	1h	正常
4	176V、52Hz	1h	正常

2）绝缘要求。绝缘电阻≥100MΩ。

3）耐压要求。在电源电极或与之相连的其他导电电路和机柜、安装机箱等易触及部件（不包括避雷器）之间施加1500V、50Hz试验电压，试验中不应出现击穿现象，漏电流不应超过10mA，试验后信号机应无电气故障，功能正常。

GY8000信号机还具备前端显示电压、温度、湿度功能，便于直观监测设备工作状态，如图3-17所示。

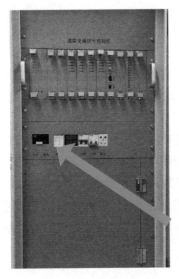
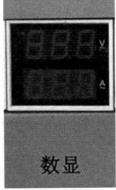

图3-17　GY8000信号机的电压、温度显示

四、信号机功能

1. 基本功能

1）一般要求。GY8000 在工作方式变化时，"红绿灯"信号自动平滑过渡。黄闪信号频率为 55~65 次/min，其中信号亮暗时间比为 1:1。

2）启动时序。根据国家标准，GY8000 信号机通电开始运行时将进行自检，然后按如下时序启动：相位先进入黄闪信号，持续时间 10s；黄闪信号结束后进入全红状态，持续时间 5s；启动时序结束后，信号机按预设置的方式运行。在信号机正常工作后，应对信号机的灯色和参数进行检查。

3）信号转换。机动车信号灯转换顺序：红→绿→黄→红；非机动车信号灯转换顺序：红→绿→黄→红；行人过街信号灯转换顺序：红→绿→绿灯闪烁→红。其中绿灯、红灯、绿灯闪烁、黄灯持续时间可调整。

4）手动控制。GY8000 信号机在机箱的一侧设有手动操作按钮，由路口交警将手动开关置于"手动"位置，然后每按一次"步进"按钮，灯色按所设的相序变换一次。在指挥中心通过"模拟手动"遥控或可增配无线遥控设备对信号机手动方式无线遥控，如图 3-18 所示。

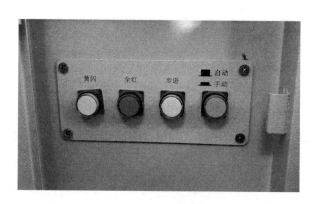

图 3-18　GY8000 信号机的手动按钮

5）控制方式转换。GY8000 信号机从自动控制方式转入手动控制方式时，锁定在当前相位运行；从手动控制方式转入自动控制方式时，信号状态从当前状态开始以自动控制方式运行。

6）设置功能。GY8000 信号机可通过专用手持终端进行控制方式的设置和信号参数的调整，也可以通过公安专用网络或单独组网与上位机（区域计算机）通信，接收并执行上位机（区域计算机）的控制方式设置和参数调整等指令（如：接收执行定相控制、模拟手动、绿波控制、信号配时等由中心计算机、区域计算机、终端计算机发送的各种控制指令）。同时，信号机还能向上位机（区域计算机）传送多种状态信息、故障信息和车辆检测信息。

2. 故障监控功能

GY8000 信号机具备完备的故障监测和自诊断功能，故障发生后可采取适当措施，并向上位机（区域计算机）发出故障警示信号。当信号机出现绿冲突、信号灯组红绿灯同时点亮、信号灯组所有红灯熄灭、通信故障和检测器故障等情况，信号机能立即转入降级控制方式。

GY8000 信号机具有独立于灯具驱动输出电路的黄闪控制装置，在信号机无法正常工作时，能通过独立的黄闪控制装置将信号输出切换为黄闪状态，黄闪按钮如图 3-19 所示。

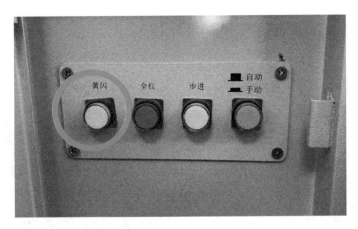

图 3-19　GY8000 信号机的黄闪按钮

GY8000 信号机具有掉电保护功能，工作参数可保存十年不丢失，时钟至少可保持三个月不丢失；具备故障处理、记录存储功能。

3. 信号机的控制功能

GY8000 信号机属于 C 类信号机，可设置24 个普通时段，24（每天最多24）×7（天）个星期时段，24（每天最多）×7（7 个日期区间）个特殊时段，32 个信号相位，32 个控制方案，32 个感应相位，32 个相位序列。信号机标准配置为48 路灯控输出（每块灯驱板提供12 路灯控输出），可扩充到108 路灯控输出；16 路检测器输入，可扩充到32 路，同时可接二种以上类型的车辆检测器（环形线圈、微波、视频、地磁、无线线圈等多种车辆检测器）；提供黄闪、全红、关灯、定周期、单点自适应、行人过街、单点指定相位、系统指定相位等多种控制方式，还提供无电缆协调控制（绿波控制）、全维度优化控制、溢出控制和公交优先信号控制等高级优化控制方式。

五、信号机的通信

通信接口具备一个 EIA RS-232C（DB-9）、一个 10/100 Base-T Ethernet 以太网接口（RJ-45）通信接口，6 个 RS485 接口；至少可控制 4 块通信式三色倒计时显示屏，并可扩充至 16 块；能够实现单信号控制器控制多路口信号灯和倒计时屏设备。

前端信号机主要通过以太网或者串口转网络两种方式连接中心交通信号控制平台：

（1）以太网直连　通信方式直接采用的 TCP/IP 协议，故信号机可直接通过以太网连接到中心的信号控制平台，通过建立 TCP 链路直接连接至中心系统端的区域机系统软件，无须额外转换设备，即可直接在平台端进行协议层对接。

（2）串口转网络

1）前端设备。针对串口转网络连接方式，信号机通信板（图3-20）上配备有串口与网络的转换模块，系统的通信数据将通过网络连接到信号机中的串口与网络模块转换中，实现网络转串口通信，将串口数据承载于 TCP 协议上，串口转网络模块通过 TCP 协议连接至中心系统的串口服务器。

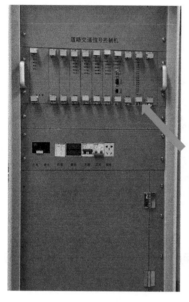

a) 通信板位置   b) 转接板

图3-20　GY8000 信号机的通信板和转接板

2）系统端设备。串口服务器实现了 TCP Server 和虚拟串口的功能。串口服务器在中心计算机上，通过模拟程序，将前端每个串口转网络模块与串口设备一一对应，系统打开对应的串口设备即可与串口转网络模块通信，串口服务器程序将系统发送的数据转发至对应的串口转网络模块，串口转网络模块将接收到的数据转发至前端设备。同时，串口服务器将设备发送的数据转发至对应的串口，系统从此串口接收的数据即设备所发数据。

请按照"任务工单6　道路交通信号控制机硬件结构认知"要求完成本任务。

任务7　交通信号控制平台认知

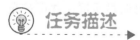 **任务描述**

将任务工单1中的单个交叉口信号配时方案和任务工单2中的干线协调控制方案在交通信号控制平台中进行参数设置，将信号配时方案下发至信号机，调试信号机运行方案；进行警卫路线设置。

学习目标

知识目标

1. 理解交通信号控制平台各模块和参数的含义。
2. 理解信号机出厂设置的相位图的含义。

技能目标

1. 能够对交通信号控制软件平台中单个交叉口和线控协调的信号配时参数进行配置。
2. 能够对交通信号控制软件平台中警卫路线的参数进行设置。
3. 能够将信号配时方案由交通信号控制平台下发至信号机，并调试运行。

素养目标

具有勇攀高峰、敢为人先的创新精神，努力把自立自强的信念自觉融入人生追求之中。

知识准备

道路交通信号控制机实现各种控制功能，需要可视化的环境进行参数设置，而用户与信号机沟通的最有效的途径就是开发用户使用平台。交通信号控制平台随着信号机厂家的不同而不同，因此在用户中心（交通警察指挥中心）通常会开发一个总平台来集成各个厂家的信号机平台。下面以 GY8000 信号控制机的控制平台为例，来熟悉交通信号控制平台的使用。

一、道路交通信号控制平台简介

根据道路交通信号控制机的功能不同、厂家不同，软件界面有所差异，GY8000 信号机的控制平台如图 3-21 所示。该软件的功能是实现信号机中参数的图形化配置，包括渠化信息（如环岛、二次过街、可变车道、潮汐车道等特殊路口的配置）、检测器、信号灯连接关系、配时方案与时段信息，同时支持将配置内容导出、保存为图片或者其他格式文件。

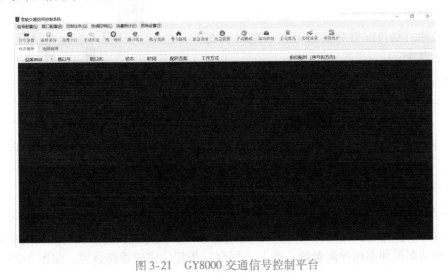

图 3-21　GY8000 交通信号控制平台

平台共有 6 个常用的功能按钮，包括路口配置、信号配置、协调控制、控制任务、特殊控制和流量统计。下面详细设置信号机的各功能参数。

二、功能实现

1. 路口配置

（1）路口列表　路口列表以列表形式展示了所有路口。列表中显示了各路口的联网状态、控制方式和实时相位等信息，如图 3-22 所示。

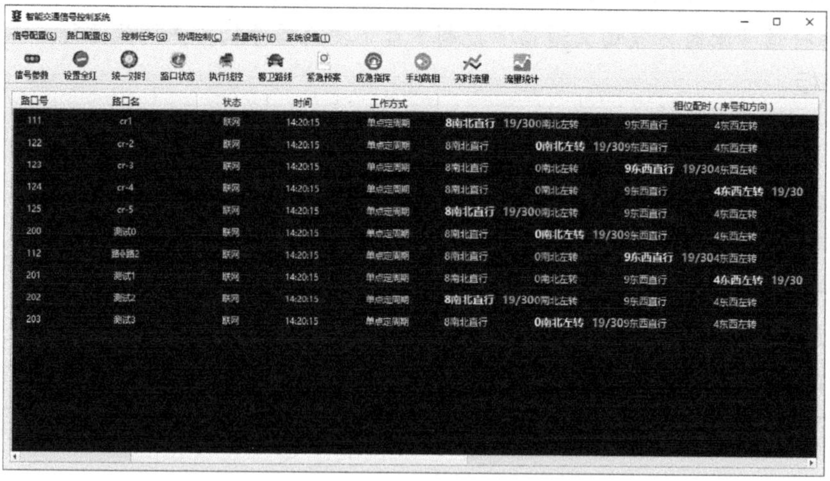

图 3-22　平台路口列表

（2）信号显示　在设备联机时，双击路口相位，会弹出信号灯状态对话框，实时显示当前相位灯工作状态，如图 3-23 所示。

（3）在"路口配置"模块中配置路口信息配置的信息包括设备、车道信息、路口结构、检测器和相位名称。路口配置完成后可在"路口状态"中查看路口渠化。

1）设备配置。将交叉口与信号控制机关联起来，如图 3-24 所示。从"未配置的设备"列表中选择设备，单击"加入"或"全部加入"，移入配

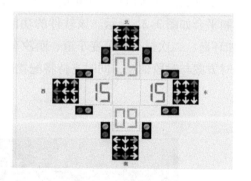

图 3-23　当前相位状态

置列表进行配置；在配置列表中，输入新加入设备对应的设备号；双击新加入设备的"路口名称"列，在弹出的对话框中选择路口进行关联。单击"保存"按钮，完成设备与路口数据的关联设置。

2）道路配置。单击"道路配置"界面下方"新建"按钮创建新的道路；双击"名称栏"，设置道路名称。在其余配置列中设置方向、旋转角度、正向车道数、反向车道数、人行道、非机动车道和车道导向参数。单击"保存"按钮，完成道路设置，如图 3-25 所示。

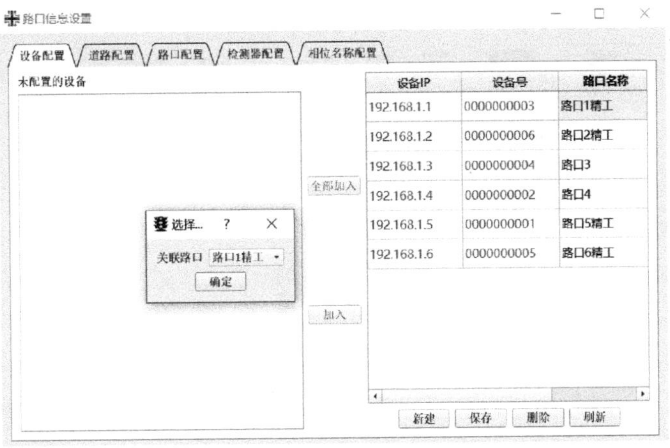

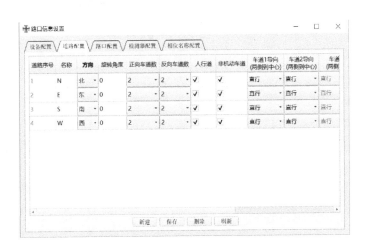

图 3-24   路口信息设置—设备配置

图 3-25   路口信息设置—道路配置

3）路口配置。单击"路口配置"界面下方"新建"按钮创建新的路口。在"路口类型"一栏中，选择类型，目前可选三方向 T 型、三方向 Y 型、四方向、五方向。在各道路栏中选择已配置的道路。双击设备对应的子区或区域栏，在弹出的对话框中选择对应的区域和子区，单击"保存"按钮，完成路口设置，如图 3-26 所示。

4）检测器配置。在"检测器配置"界面中将检测器与车道对应，选择设备号，单击"加入"按钮新建检测器映射；双击"设备号"一栏中的设备，在弹出的窗口中设置检测器映射；配置检测器号所检测的方向号和车道号；单击"保存"按钮，完成检测器映射设置，如图 3-27 所示。

5）相位名称配置。在"相位名称配置"界面中双击设备所在行任意位置，弹出相位名称窗口；设置每个相位的名称，0～15 号相位有默认的名称；单击"保存"按钮，完成相位名称的设置，如图 3-28 所示。

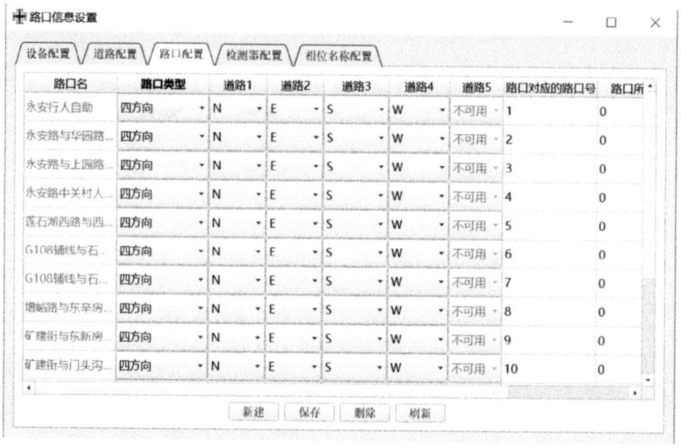

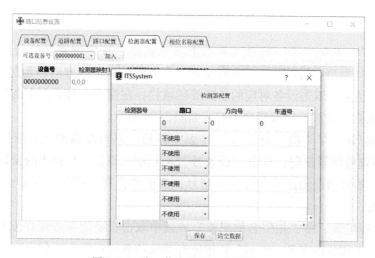

a）路口类型

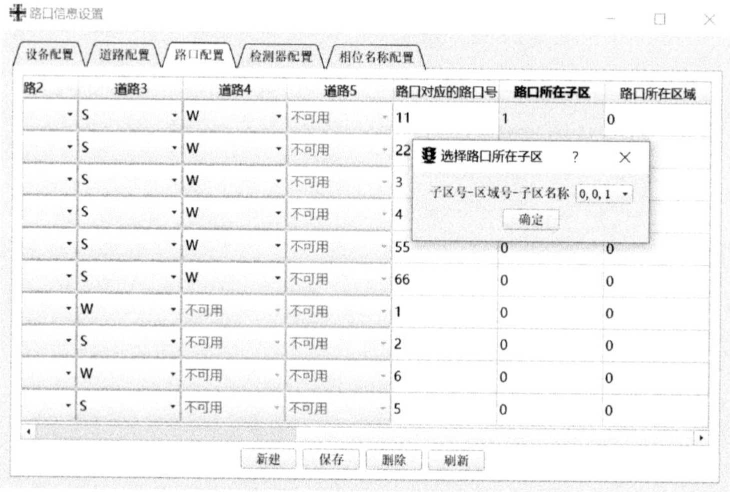

b）路口所在区域和子区选择

图 3-26 路口信息设置—路口配置

图 3-27 路口信息设置—检测器配置

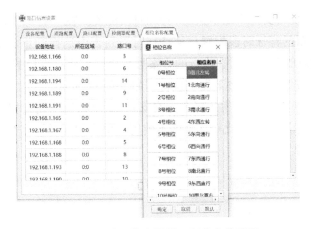

图 3-28　路口信息设置—相位名称配置

2. 信号配置

信号配置是为交叉口进行配时方案的参数设置。在图 3-22 中双击路口列表中路口号或者路口名，可以进行信号配置。

1）时段配置。在"时段配置"界面中单击"读取"，从设备中读取最新的时段配置；从时段列表中选择时段；设置时段的开始时间、执行的方案号、工作方式；工作方式可选系统优化、系统线控、单点过街、全维度优化、单点无电缆、感应控制、单点定周期、单点黄闪、单点关灯、单点全红、单点全黄、定周期感应、无电缆感应和火车道口；完成后单击"加载"按钮，将参数下发至设备，如图 3-29 所示。

2）星期时段配置。在"星期时段"界面中可为星期一至星期日设置不同的时段方案。单击"读取"从设备中读取最新的星期时段配置；从星期列表中勾选使用星期时段设置的日期；在对应的时段号中选择时段；设置时段的开始时间、执行的方案号和工作方式；支持的工作方式同普通时段；完成后单击"加载"按钮，将参数下发至设备，如图 3-30 所示。

图 3-29　信号配置—时段配置设置

图 3-30　信号配置—星期时段设置

3）特殊时段。系统可支持 7 组节假日/特殊时段配置。在"特殊时段"界面中单击"读取"从设备中读取最新的特殊时段配置；从特殊时段列表中选择起止日期；在对应的时段号中选择时段；设置时段的开始时间、执行的方案号和工作方式；支持的工作方式同普通时段；完成后单击"加载"按钮，将参数下发至设备，如图 3-31 所示。

4）配时方案。可配置 32 组方案；每个方案支持 32 个相位序列；相序参数范围为 0 ~ 32，表示 0 ~ 31 号相位，数字 32 表示此相位序列不使用；单击"加载"按钮，将修改后的方案加载到信号机，如图 3-32 所示。

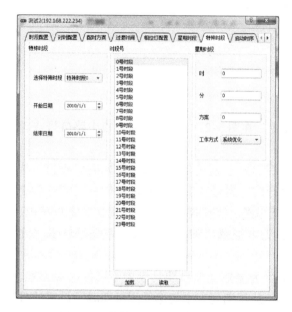

图 3-31　信号配置—特殊时段设置

图 3-32　信号配置—配时方案设置

5）过渡时间。过渡灯色可以调整每一个相位的机动车绿闪、行人绿闪、机动车红闪、行人红闪、黄灯，清场红灯时长；在"过渡时间"界面中单击"读取"按钮，可调看当前信号机内设置的参数。完成后单击"加载"按钮，将参数下发至设备，如图 3-33 所示。

6）相位灯配置。为每一个相位配置相应的灯组，可使用图形化的方式直接配置相位灯属性；在"相位灯配置"界面中单击"读取"，从设备中读取最新的相位灯组配置。单击"加载"按钮，可将新的参数加载到信号机中，如图 3-34 所示。

7）感应参数。当采用感应信号控制时，需要配置"感应参数"。在"感应参数"界

图 3-33　信号配置—过渡时间设置

面中单击"读取"，从设备中读取最新的相位感应参数配置；单击"加载"按钮，可将新的参数加载到信号机中，如图 3-35 所示。

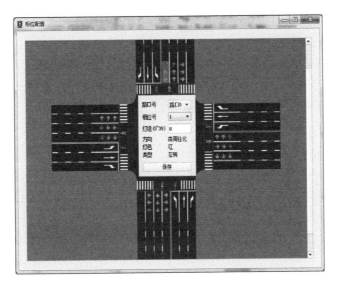

图 3-34　信号配置—相位灯配置

图 3-35　信号配置—感应参数配置

8）启动时序。它表示信号机开机启动时，信号机初始化过程中交通灯的启亮灯色顺序和时间。在"启动时序"界面中单击"读取"，从设备中读取最新的相位启动时序配置；单击"加载"按钮，可将新的参数加载到信号机中，如图3-36所示。

图3-36　信号配置—启动时序配置

9）网络参数。可以设置信号机联网的IP地址和控制该信号机的中心服务器的IP地址。在"网络参数"界面中单击"读取"，从设备中读取最新的相位网络配置；单击"加载"按钮，可将新的参数加载到信号机中，如图3-37所示。

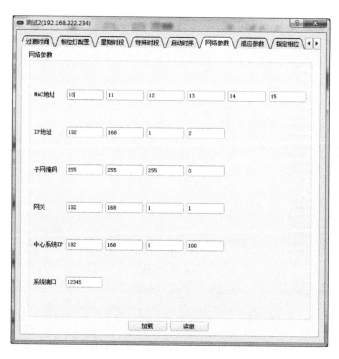

图3-37　信号配置—网络参数配置

10）故障信息。可以查看信号机发生故障的信息。在"故障信息"界面中单击"调看故障"，从设备中读取最近存储的故障信息；支持的故障类型包括：红绿同亮、绿冲突、灯组损坏等；单击"清除所有故障"按钮，将设备中记录的故障信息清除，如图3-38所示。

图 3-38　信号配置—故障信息查询

3. 协调控制

1）线控方案配置。单击"新建方案"，在弹出的对话框中输入方案名；在可选路口列表中，选中路口，单击"＝>"按钮，将路口添加至方案；设置路口间隔，用于按通过速度配置绿波；单击"保存"按钮，保存此方案，如图3-39所示。

图 3-39　协调控制—线控方案配置

2）执行线控。单击工具栏"执行线控"按钮，显示出可用的线控方案以及方案信息；双击需要执行的线控方案，弹出路口时距图，如图3-40所示。

图 3-40　协调控制—执行线控方案

3）时距图。从线控时段中选择可执行的时段；单击"读取线控"，载入时距图；通过鼠标的拖拽操作，调整相位配时以及相位差；单击"下发线控"按钮，将配置下发至各设备；可通过"相位差配置"，直接按相位差或者通过速度设置，如图 3-41 所示。

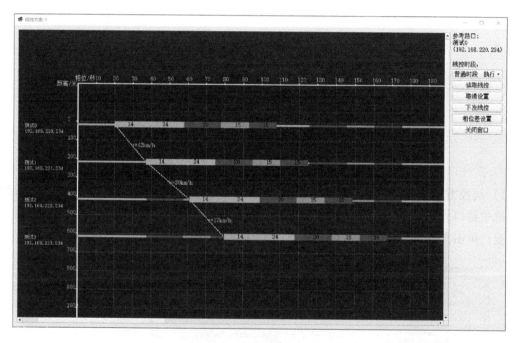

图 3-41　协调控制—时距图

4. 控制任务（警卫路线）

1）方案配置。单击"新建方案"，在弹出的对话框中输入方案名；在可选路口列表中，选中路口，设置预定要执行的相位，单击" = >"按钮，将路口添加至方案；单击"保存"按钮，保存此方案；单击"执行"按钮，执行选中的方案，如图 3-42 所示。

2）任务执行。如图 3-43 所示黄色方框中为预定的相位；左键单击对应的相位名称，将执行光标所指的相位；右键单击已执行的相位名称，将取消指定相位的执行。

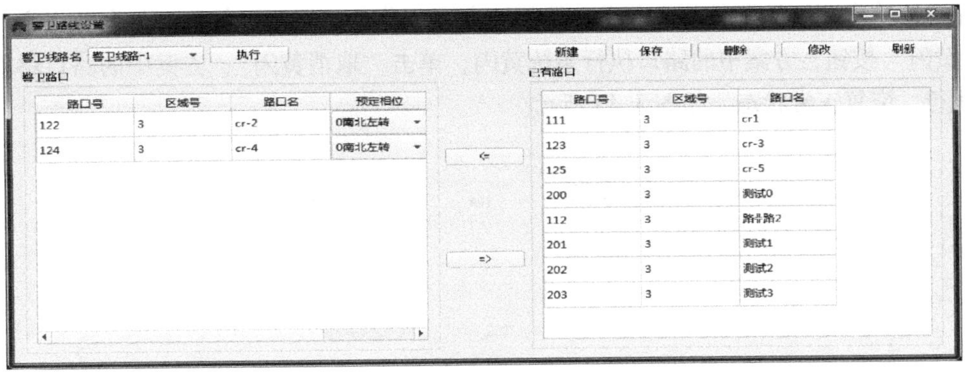

图 3-42　警卫路线—方案配置

图 3-43　警卫路线—任务执行

5. 特殊控制

1) 全红控制。单击"新建方案",在弹出的对话框中输入方案名;在可选路口列表中,选中路口,单击" = >"按钮,将路口添加至方案;单击"保存"按钮,保存此方案;单击"执行全红"按钮,方案中的路口执行系统全红,单击"取消全红",方案中的路口将取消全红的执行,恢复正常状态,如图 3-44 所示。

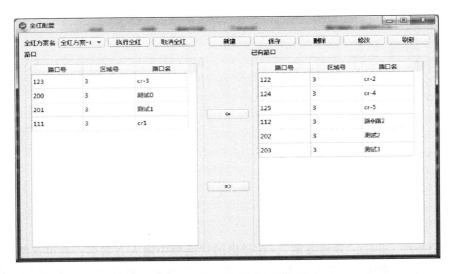

图 3-44　特殊控制—全红控制

2) 黄闪控制。单击"新建方案",在弹出的对话框中输入方案名;在可选路口列表中,选中路口，单击"＝＞"按钮，将路口添加至方案；单击"保存"按钮，保存此方案；单击"执行黄闪"按钮，方案中的路口执行系统黄闪，单击"取消黄闪"，方案中的路口将取消黄闪的执行，恢复正常状态，如图3-45所示。

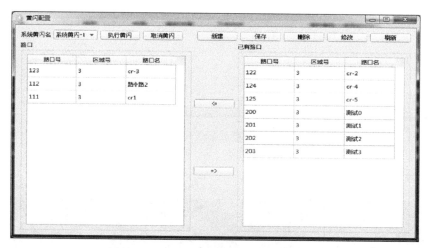

图3-45　特殊控制—黄闪控制

3）手动步进。单击"新建方案"，在弹出的对话框中输入方案名；选择路口，单击"＝＞"按钮，将路口添加至方案；单击"保存"按钮，保存此方案；单击"执行"按钮，执行选中的方案，如图3-46所示；左键双击工作模式进入步进模式，右键单击工作模式取消步进，双击相位名，发送步进脉冲信号，如图3-47所示。

图3-46　特殊控制—手动步进设置

4）应急指挥。单击"新建方案"，在弹出的对话框中输入方案名；在可选路口列表中，选中路口，指定将要执行的特定相位，单击"＝＞"按钮，将路口添加至方案；单击"保存"按钮，保存此方案，如图3-48a所示；单击"执行"按钮，进入执行应急指挥界面；手动选择执行26～31号应急相位，操作方法同警卫路线，如图3-48b所示。

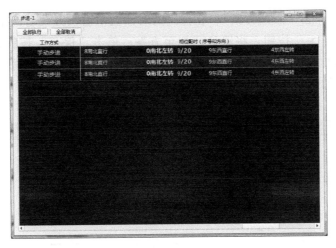

图 3-47　特殊控制—手动步进执行

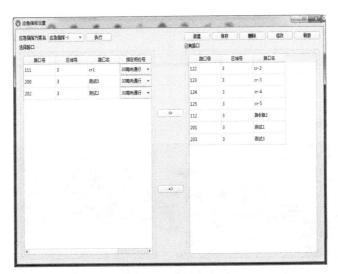

a) 应急指挥方案设置

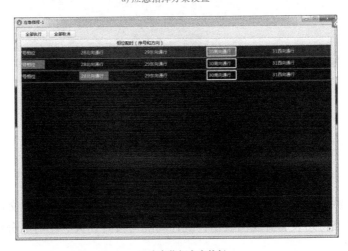

b) 应急指挥方案执行

图 3-48　特殊控制—应急指挥

5）手动跳相。单击"新建方案"，在弹出的对话框中输入方案名；在可选路口列表中，选中路口，单击"=>"按钮，将路口添加至方案；单击"保存"按钮，保存此方案，如图3-49a 所示；单击"执行"按钮，进入执行手动跳相界面；手动选择执行当前相位，操作方法同警卫路线，如图3-49b 所示。

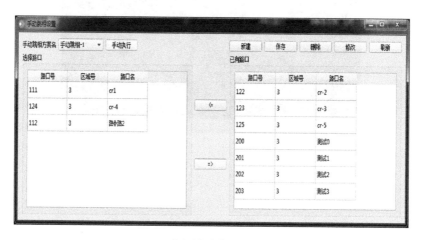

a) 手动跳相方案设置

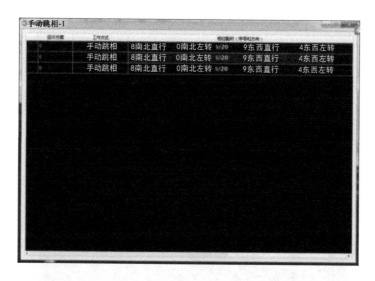

b) 手动跳相方案执行

图 3-49 特殊控制—手动跳相

6. 流量统计

交叉口安装检测器的情况下，能够得到如图 3-50 所示的信息：实时交通流量数据显示；历史交通流量统计支持列表和折线图表示；统计间隔可按月、天、小时、分钟；支持按方向、路口、检测器查询。

图 3-50 特殊控制—流量统计

 **知识拓展**

数读 70 年公路交通大事记

- 1950 年，交通部制定并试行全国统一的《养护公路暂行办法》。
- 1954 年，川藏公路、青藏公路正式通车。
- 1981 年 11 月，国家计委、经委和交通部联合发出《关于划定国家干线公路网的通知》。70 条国道规划总里程达 11 万 km。
- 1984 年，国务院出台了征收车辆购置附加费、提高养路费收费费率和实行贷款修路、收费还贷 3 项政策。

- 1987 年 10 月，国务院颁布《中华人民共和国公路管理条例》。
- 1988 年 10 月 31 日，我国大陆首条高速公路——沪嘉高速公路通车。
- 1989 年 7 月，交通部在沈阳召开第一次全国高等级公路建设经验交流现场会，明确了我国必须发展高速公路。
- 1990 年，交通部制定发布《公路路政管理规定》（试行）。
- 1993 年，《"五纵七横"国道主干线系统规划》正式印发，总里程约 3.5 万 km。
- 1993 年，全面实行工程监理制、内地采用 FIDIC 条款建设的首个公路工程——京津塘高速公路通车。
- 1998 年 1 月 1 日，《中华人民共和国公路法》正式实施。
- 1999 年，我国第一座跨径超千米的特大型悬索桥——江阴长江大桥通车。
- 2000 年 8 月，《关于加快农村公路发展的若干意见》发布。
- 2001 年底，我国高速公路通车里程 1.9 万 km。
- 2004 年，《中华人民共和国收费公路管理条例》出台。
- 2004 年，《中华人民共和国道路运输条例》施行。
- 2004 年底，《国家高速公路网规划》经国务院常务会议审议通过。
- 2005 年，《全国农村公路建设规划》出台。
- 2007 年底，"五纵七横"国道主干线基本贯通。
- 2009 年 1 月 1 日起，实施成品油价格和税费改革，全国统一取消公路养路费等 6 项收费，并逐步有序取消政府还贷二级公路收费。
- 2013 年，《国家公路网规划（2013 年—2030 年)》获国务院批准。
- 2014 年，习近平总书记作出重要批示，要求进一步把农村公路建好、管好、护好、运营好。
- 2015 年 5 月，《关于推进"四好农村路"建设的意见》印发。
- 2016 年 1 月起，《农村公路养护管理办法》实施。
- 2018 年 10 月，港珠澳大桥通车。
- 2019 年 9 月，中共中央、国务院印发《交通强国建设纲要》。
- 2019 年 9 月，《关于深化农村公路管理养护体制改革的意见》印发。

实施与评价

以实际交叉口作为案例，在文中的交通信号控制平台进行参数设置。

一、案例一

已知一标准十字形交叉口 A，如图 3-51 所示，采用常见的四个相位设计，配时方案见表 3-5，为该交叉口新配备了一台 GY8000 信号控制机，只控制该路口，请配置该交叉口的配时参数。

表3-5　0号配时方案

放行相位	绿灯时长/s	黄灯时长/s	红灯时长/s
南北左转	25	3	0
南北直行	30	3	0
东西左转	25	3	0
东西直行	23	3	0

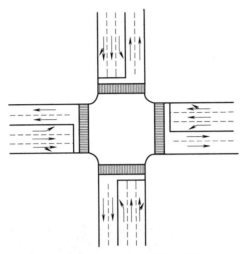

图3-51　交叉口A渠化示意图

1. 信号控制机联网设置

GY8000配备了手持终端设备，利用蓝牙模块与信号机相连进行初始化设置。

1）信号机安装完成后开机，将蓝牙模块插入信号机主控板上对应模块。

2）手持终端开机，进入设置程序，单击"常用设置"按钮会显示如图3-52所示的画面。

3）设置信号机时间，即对时。单击"对时"按钮进入设置信号机内部时钟画面，如图3-53所示，单击"默认"按钮时设为当前手机的时间，也可以通过"＋、－"按钮来调节当前信号机时间。时间参数修改完成后，单击"加载"按钮将修改后的参数加载到信号机中，当屏幕左下角显示出"加载成功"字样，表示已经修改信号机的内部时间。

4）设置网络参数。在"常用设置"界面中单击"网络参数"按钮进入信号机网络参数设置画面，如图3-54所示，前4项为信号机本机配置，分别为"MAC地址""本机IP地址""本机子网掩码""本机网关"，第五项为信号机与中心系统通信时中心服务器地址，最下方的端口为与中心通信时通信端口号，默认为12345，修改完毕后单击"加载"，把参数保存至信号机。至此，在中心的信号控制平台可以看到刚刚配置好的信号机了，如图3-55所示。

2. 交叉口渠化信息设置

（1）交叉口信息　某道路1（东西走向）与某道路2（南北走向）相交，构成十字形交叉口A。

北进口：1左、1直、1直右。

南进口：1左、1直、1直右。

东进口：1左、1直、1直右。

西进口：1左、1直、1直右。

图 3-52 手持终端"常用设置"界面

图 3-53 手持终端"对时"设置

图 3-54 手持终端"网络
参数"设置

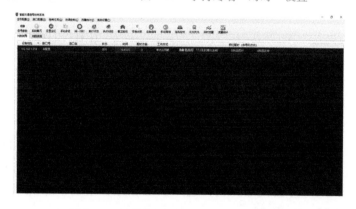

图 3-55 信号控制平台-配置完成的信号机

（2）参数设置 将道路信息和路口信息进行参数设置。

1）单击"路口配置"，选择"区域配置"，单击"新建"，双击"区域号"或者"区域名称"里相对应的格子，更改所需要的区域号和新建区域名称，完成后单击"保存"，如图 3-56 所示。

2）新建子区域。区域配置好之后新建子区配置，如图 3-57 所示。

图 3-56 区域配置设置

图 3-57 子区配置设置

3）道路配置。该交叉口可看作是东、西、南、北四个进口道，即道路 1 的东进口和道路 1 的西进口分别设置，车道从道路两侧开始至道路中线，第一条是直右车道，第二条是直行车道，第三条是左转车道，同理设置道路 2 的南、北进口，如图 3-58 所示。

图 3-58　交叉口 A—道路配置

4）路口配置。道路配置完成后，四条道路名称会出现在路口配置中，在路口配置窗口可以配置交叉口 A 的路口类型，路口所在的子区即为该交叉口所在的地理片区，如图 3-59 所示。

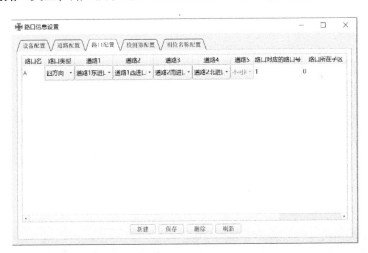

图 3-59　交叉口 A—路口配置

5）设备配置。单击"刷新"，会跳出未配置的设备，如图 3-60 所示，选择要配置的设备"加入"或"全部加入"，选择配置路口名称后保存，如图 3-61 所示。至此，信号机与路口匹配完成，如图 3-62 所示。

3. 信号机参数设置

（1）相位方案　0 号配时方案由 4 个相位组成，采用单点定周期控制方式，相位和配时参数见表 3-5。

（2）参数设置　信号机出厂时设定的放行相位图如图 3-63 所示，即 0 ~ 15 号相位有默认的名称。为了便于说明配时方案的参数设置，先来看信号机硬件灯驱板的组成。

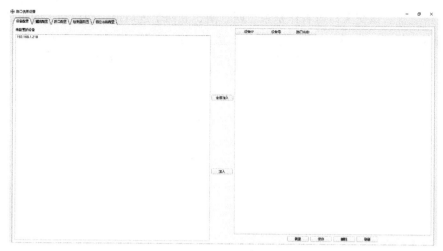

图 3-60　信号机与交叉口匹配-1

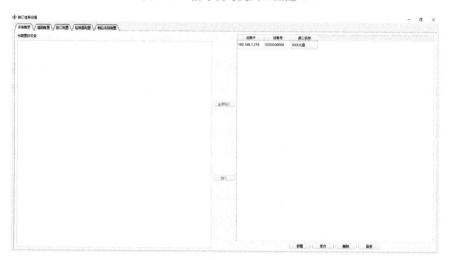

图 3-61　信号机与交叉口匹配-2

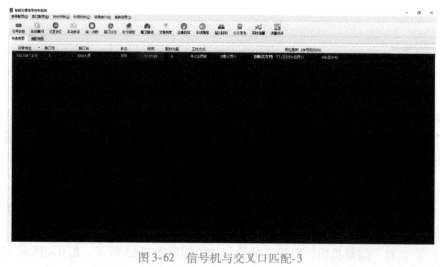

图 3-62　信号机与交叉口匹配-3

图 3-63　信号机出厂时设定的放行相位图

信号机灯驱板如图 3-64a 所示，从右侧第一块灯驱板开始，向左第一块为北进口灯组，第二块为东进口灯组，第三块为南进口灯组，第四块为西进口灯组。每块灯驱板从上至下第一排 G1 表示左转灯组三路灯（红、黄、绿），第二排 G2 表示直行灯组三路灯（红、黄、绿），第三排 G3 表示右转灯组三路灯（红、黄、绿），第四排 G4 表示行人灯组三路灯（红、黄、绿）。至此，共需要 4 块灯驱板共 16 路灯组，48 路灯，如果需要更多的灯组，则可以增加灯驱板的数量。

灯驱板与相位灯配置的关系如图 3-64b 所示，0~3（左、直、右、行人）号灯组对应北灯驱板（右边第一块）的 G1~G4，4~7 号灯组对应东灯驱板（右边第二块）的 G1~G4，8~11 号灯组对应南灯驱板（右边第三块）的 G1~G4，12~15 号灯组对应西灯驱板（右边第四块）的 G1~G4。下面为交叉口 A 进行配时方案参数设置。

1）确定相位号。根据表 3-5 和图 3-63 确定相序和相位号，见表 3-6。

表 3-6　0 号配时方案的相位号

相序	放行相位	绿灯时长/s	黄灯时长/s	相位号
1	南北直行	30	3	8
2	南北左转	25	3	0
3	东西直行	23	3	9
4	东西左转	25	3	4

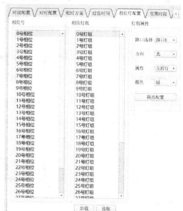

a) 信号机灯驱板   b) 灯驱板与相位灯配置的关系

图 3-64　信号机灯驱板和灯驱板与相位灯配置的关系

2) 相位灯组配置。在信号控制平台窗口双击信号机地址或者该路口名称，出现如图 3-65 所示窗口，单击"相位灯配置"，左侧相位号中有 0 ~ 31 共 32 个相位，每个相位对应 0 ~ 39 共 40 个灯组，相位灯组中系统默认按照北→东→南→西的顺序设置。由表 3-6 知道，需要设置 0、8、4、9 号相位。

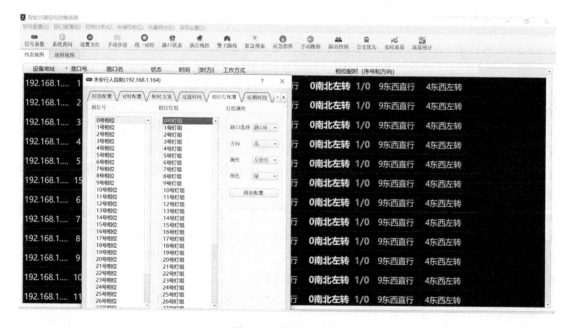

图 3-65　相位灯配置

单击"0 号相位"，对应相位灯组中 0 号灯组：默认方向为"北"、属性"左转灯"、颜色为"绿"；然后单击"1 号灯组"：默认的方向为"北"、属性为"直行灯"、颜色为"红"；下一个单击"2 号灯组"：默认的方向为"北"、属性为"右转灯"、颜色为"红"；下一个单击"3 号灯组"：默认的方向为"北"、属性为"行人"、颜色为"红"。

下一个单击"4 号灯组"：默认的方向为"东"、属性为"左转灯"、颜色为"红"；然后单击"5 号灯组"：默认的方向为"东"、属性为"直行灯"、颜色为"红"；下一个单击"6 号灯组"：默认的方向为"东"、属性为"右转灯"、颜色为"绿"；下一个单击"7 号灯组"：默认的方向为"东"、属性为"行人"、颜色为"红"。

下一个单击 8 号灯组：默认方向为"南"、属性"左转灯"、颜色为"绿"；然后单击"9 号灯组"：默认的方向为"南"、属性为"直行灯"、颜色为"红"；下一个单击"10 号灯组"：默认的方向为"南"、属性为"右转灯"、颜色为"红"；下一个单击"11 号灯组"：默认的方向为"南"、属性为"行人"、颜色为"红"。

下一个单击"12 号灯组"：默认的方向为"西"、属性为"左转灯"、颜色为"红"；然后单击"13 号灯组"：默认的方向为"西"、属性为"直行灯"、颜色为"红"；下一个单击"14 号灯组"：默认的方向为"西"、属性为"右转灯"、颜色为"绿"；下一个单击"15 号灯组"：默认的方向为"西"、属性为"行人"、颜色为"红"。

至此，0 号相位的 0 ~ 15 个灯组共 16 个灯组设置完成，同理分别设置 8、4 和 9 号相位的 0 ~ 15 个灯组，完成后点击"加载"。

3）配时方案。单击"配时方案"，如图 3-66 所示，根据表 3-6，该交叉口设置一个 0 号方案，"相序参数"依次填入 8→0→9→4，其余均输入 32（32 代表此相位序列不适用），"配时参数"依次填入 8、0、9 和 4 号相位的绿灯时间。

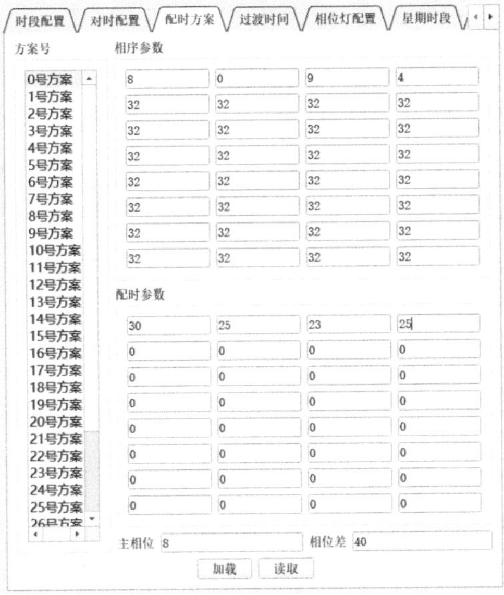

图 3-66　配时方案设置

4）时段配置。单击"时段配置"如图 3-67 所示，在"时段号"中单击"0 号时段"，从 0 时 0 分开始执行方案 0，"工作方式"选择"单点定周期"，此交叉口只有一个方案。因此，"1 号时段"填入 23 时 59 分 0 号方案，执行完毕后系统自动返回 0 号时段。

5）星期时段。单击"星期时段"如图 3-68 所示，如果不勾选"星期"栏中的任何一天，周一至周日系统均按照"时段配置"的方案执行。本例中均按照 0 号方案执行，此处不需要设置参数。

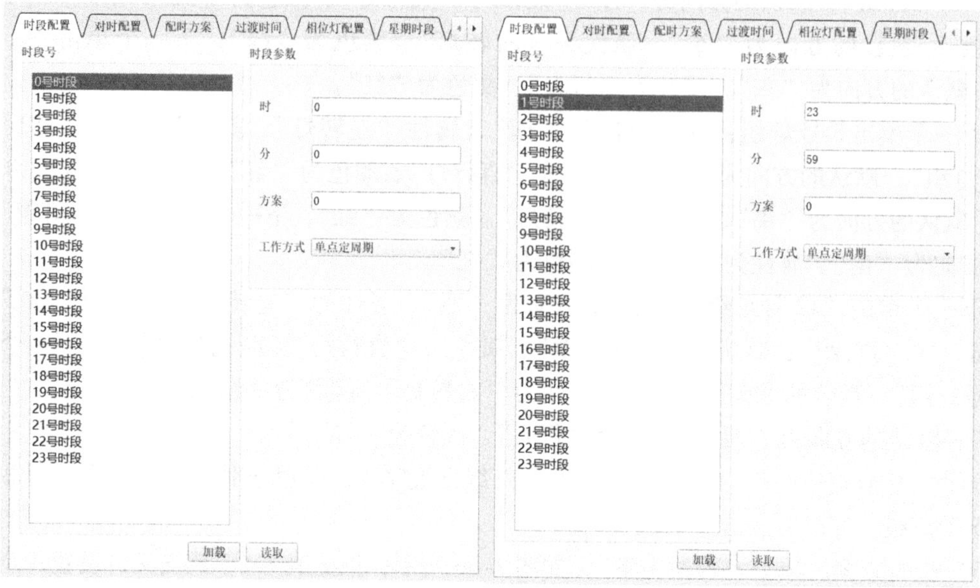

图 3-67　时段配置

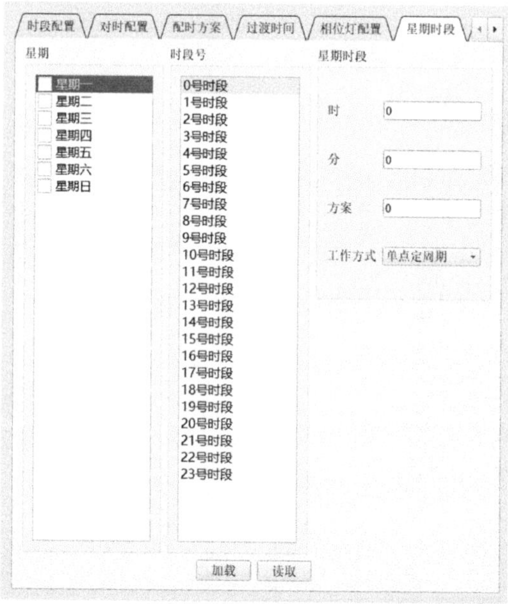

图 3-68　星期时段

二、案例二

已知一个十字形交叉口 B，如图 3-69 所示，采用多个相位设计，配时方案见表 3-7，为该交叉口新配备了一台 GY8000 信号控制机，只控制该路口，请配置该交叉口的配时参数。

表 3-7　配时方案绿灯时长　　　　　　　　　　（单位：s）

方案	相位											
	16 号	17 号	18 号	19 号	20 号	21 号	22 号	23 号	24 号	25 号	26 号	27 号
0 号	10	18	10	10	28	25	10	10	50	10	10	10
1 号	10	22	10	10	20	27	10	10	45	10	12	10
2 号	10	26	10	10	35	20	10	10	48	10	15	10
3 号	×	15	×	×	18	×	15	×	18	×	×	15
4 号	×	25	×	×	33	×	27	×	33	×	×	25
5 号	×	28	×	×	35	×	38	×	43	×	×	28

注："×"表示该套配时方案不包含此相位。

1. 信号控制机联网设置

将蓝牙模块与信号机相连并进行初始化设置，网络参数设置完成后加载，如图 3-70 所示。

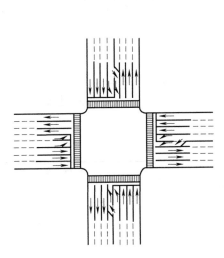

图 3-69　交叉口 B 渠化示意图　　　　　　图 3-70　手持终端网络参数设置

2. 交叉口渠化信息设置

1）交叉口信息。某道路 1（东西走向）与某道路 2（南北走向）相交，构成十字形交叉口 B。

北进口：3 直、2 左、1 可变车道。

南进口：3 直、2 左、1 可变车道。

东进口：3 直、2 左、1 可变车道。

西进口：3 直、2 左。

2）参数设置。设置步骤与案例一相同，设置完成后如图 3-71 所示。

3. 信号机参数设置

（1）相位方案　由于本路口交通压力比较大，且交通状况复杂，相位设计与信号机出厂

图 3-71　路口与信号机匹配

默认的设置（0~15 号相位）相差比较大，因此从 16 号相位开始进行自行组织相位设计，见表 3-8。

表 3-8　相位设置

相位号	相位	相位号	相位
16	西直左 + 南掉头	22	南北左转 + 南掉头
17	西直左 + 南行人 + 南掉头	23	南北直行
18	东西直行 + 南掉头	24	南北直行 + 东西行人 + 东借道
19	东西直行 + 南北行人 + 南掉头	25	东直左 + 东借道
20	东西直行 + 南北行人 + 南北借道 + 南掉头	26	东直左 + 东借道 + 北行人
21	南北左转 + 南掉头 + 南北借道	27	东直左 + 北行人

由于高峰期和非高峰期的交通流量差距较大，为该路口设置了多套方案，即方案 0~5 号共 6 套配时方案，均采用单点定周期控制方式，相位号和各相位的绿灯时间见表 3-8，黄灯时间均为 3s，每套方案的运行时间段见表 3-9。

表 3-9　时段方案

时段号	时间段	运行方案
0 号时段	0:00-2:00	4 号
1 号时段	2:00-5:00	3 号
2 号时段	5:00-6:30	4 号
3 号时段	6:30-12:00	1 号
4 号时段	12:00-16:15	0 号
5 号时段	16:15-22:30	2 号
6 号时段	22:30-23:59	4 号

（2）参数设置

1）接线。如图 3-72 所示，从右向左，共 6 块灯驱板，分别是北进口、东进口、南进口、西进口、北进口（2）、东进口（2）。每个灯驱板由上至下为左转灯、直行灯、右转灯、人行灯。北进口、东进口、南进口、西进口的信号灯接到这 4 个灯驱板，北进口、南进口借道左转屏接到北进口（2）的直行，南进口掉头信号灯接到北进口（2）的右转，东进口借道左转屏接到东进口（2）的左转。

灯驱板与"相位灯配置"的关系：0~3（左、直、右、行人）号灯组对应北灯驱板的 G1~G4，4~7 号灯组对应东灯驱板的 G1~G4，8~11 号灯组对应南灯驱板的 G1~G4，12~15 号灯组对应西灯驱板的 G1~G4，17 号（南北借道左转屏）灯组对接北进口（2）灯驱板的 G2，18 号（南掉头）灯组对接北进口（2）灯驱板的 G3，20 号（东借道左转屏）灯组对接东进口（2）灯驱板的 G1。

图 3-72　灯驱板与"相位灯配置"的关系

2）相位灯配置。根据表 3-8 进行 16～27 号相位号的相位灯组配置。

以 16 号相位为例设置"相位灯配置"参数，此相位包括"西直左 + 南掉头"，所以 0～11 ［0～3 号灯组为北（左、直、右、行人）、4～7 号灯组为东（左、直、右、行人）、8～11 号灯组为南（左、直、右、行人）］号灯组颜色均为红灯，12 号（西左）和 13 号（西直）灯组颜色为绿灯，14 号、15 号灯组颜色为红灯，16 号灯组未接线，17 号灯组颜色为红灯，18 号灯组颜色为绿灯，19 号灯未接线，20 号灯组颜色为红灯。

同理设置 17～27 号相位的"相位灯组配置"参数。

3）配时方案。单击"配时方案"，如图 3-73 所示，根据表 3-7，该交叉口设置一个 0～5 号共 6 套配时方案，以 0 号方案为例，"相序参数"依次填入 16→17→…→27，其余均输入 32（32 代表此相位序列不适用），"配时参数"依次填入相应的绿灯时长 10、18、10、10、28、25、10、10、50、10、10、10，其余都填 0。同理，将 1～5 号配时方案参数设置完成。

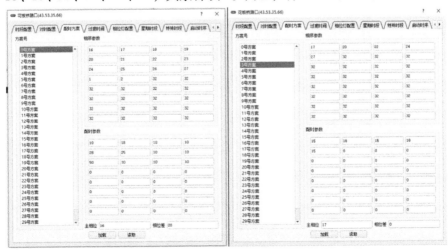

图 3-73　配时方案设置

4）时段配置。单击"时段配置"，如图 3-74 所示，按照表 3-9 设置"时段号"和"时段参数"，在"时段号"中单击"0 号时段"，从 0 时 0 分开始执行 4 号方案，"工作方式"选择"单点定周期"，从 2 时 0 分开始执行 3 号方案，以此类推，直到"7 号时段"填入 23 时 59 分执行 4 号方案，执行完毕后系统自动返回 0 号时段。

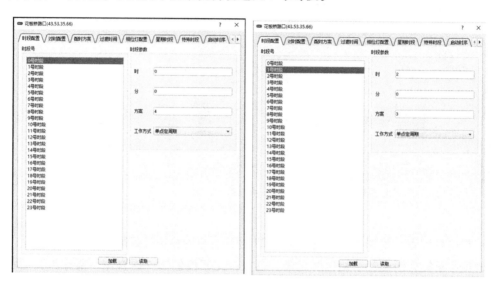

图 3-74　时段配置

5）过渡时间。该路口过渡时间参数设置如图 3-75 所示，行人绿闪时间设为 6s，其余均为 3s。

图 3-75　过渡时间设置

三、案例三

为"石担路与政法路口"的南北直行相位设置警卫路线。

1）方法一。在交通信号控制平台上，单击"警卫路线"按钮，出现"警卫路线设置"窗口，如图 3-76 所示；单击"新建"按钮，在"警卫路线名称"处出现"警卫路线-1"（可以修改名称）；在"已有路口"中单击要设置的路口"石担路与政法路口"，单击"＜＝"按钮添加至"警卫路口"，单击"保存"按钮，"预定相位"选择南北直行，如图 3-77 所示；单击"执行"按钮，出现图 3-78 窗口，左键单击黄色方框，即预设相位，则该相位一直显示绿灯，右键单击已执行相位，则取消已执行任务。

图 3-76 警卫路线设置-1

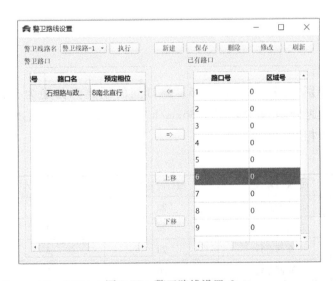

图 3-77 警卫路线设置-2

2）方法二。在信号机的一侧，如图 3-79 所示，按下"手动"按钮，如果此时的相位不是南北直行，按一次"步进"按钮，如果仍然不是，则继续按一次"步进"按钮，直到运行到南北直行相位，则停留在该相位，直到任务结束，再次按下"手动"按钮。

图 3-78　警卫路线设置-3

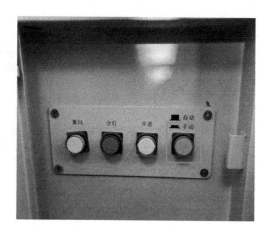

图 3-79　手动按钮

四、案例四

有 6 个路口，分别为路口 1 ～ 路口 6，路口间的距离为分别为 250m、200m、150m、100m、50m，路段车速分别为 45km/h、36km/h、13km/h、18km/h、9km/h，配时方案如表 3-10 所示，请设置相位差参数。

表 3-10　0 号配时方案的配时参数

相序	放行相位	绿灯时长/s	黄灯时长/s	相位号
1	南北直行	20	3	8
2	南北左转	20	3	0
3	东西直行	20	3	9
4	东西左转	20	3	4

（1）路口信息设置

1）道路配置。将 6 个路口进行道路配置，如图 3-80 所示。

2）路口配置。将 6 个路口进行路口配置，如图 3-81 所示。

图 3-80 道路配置

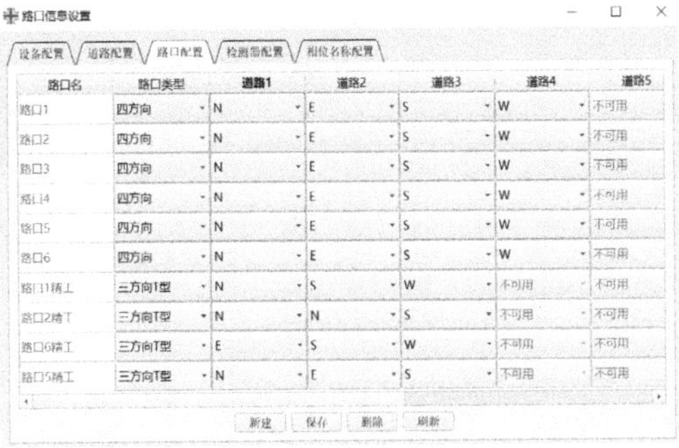

图 3-81 路口配置

3）设备配置。将 6 个路口进行设备配置，如图 3-82 所示。

4）相位名称配置。将 6 个路口进行相位名称配置，如图 3-83 所示。

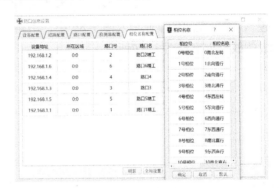

图 3-82 设备配置

图 3-83 相位名称配置

（2）信号参数设置 相位相序为 8→0→9→4，因此相位灯配置为默认值；配时方案和时段按照表 3-10 进行设置后，得到如图 3-84 所示配时方案、时段设置。

（3）线控方案配置 单击"新建方案"，选择路口，设置路口距离，路口 1 与路口 2 之间的距离为 250m，其余路口距离依次填入，路口 6 的距离填入 0m，如图 3-85 所示。

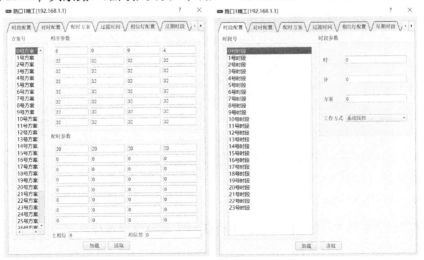

图 3-84 配时方案、时段设置

图 3-85　线控方案配置

（4）执行线控　单击"执行线控"按钮，双击"线控方案 1"→"读取线控"→"相位差设置"，将路段间的车速填入图 3-86 中，用路口间的距离除以相应的速度得到相位差。设置完成的线控方案如图 3-87 所示。

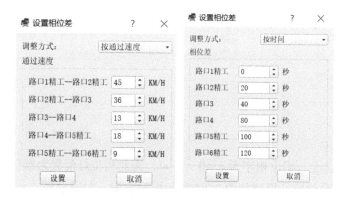

图 3-86　设置相位差

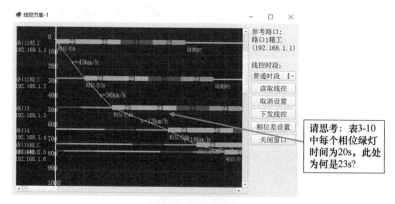

图 3-87　线控方案

请按照"任务工单 7　交通信号控制平台认知"要求完成本任务。

基于VISSIM的交通信号控制方案评价

 项目描述

在交通工程领域，经常需要研究以下问题：AB 两点间的行程时间是多少？交通流在路网中如何分布？排队是如何形成的？增加一个车道后交通状况会有哪些变化？超车概率是多少？巡航控制对交通流性能有哪些影响？路网的尾气排放、燃油消耗情况如何？这些参数较难利用解析模型进行计算，利用微观仿真模型可以对各种交通环境下的交通运行特征进行提取。

微观仿真是通过对单个车辆的运动进行建模，包括车辆位置、速度、车辆自身特性（长度、发动机功率）、驾驶人特性（期望速度、鲁莽型驾驶、保守型驾驶）、起终点等，实现对交通运行状况的仿真，可获得宏观交通参数和微观交通参数。简单地说，微观仿真 = 仿真原理 + 驾驶行为模型。

本项目是利用 VISSIM 仿真软件对本书前述项目中单个交叉口信号配时方案和干线的协调信号控制方案进行评价，并给出评价结果，为交通管理提供参考依据。

任务 8　单个信号控制交叉口 VISSIM 仿真

任务描述

将任务 1 中的配时方案设计的案例，利用 VISSIM 软件进行配时方案的评价，包括固定配时方案和感应配时方案。

学习目标

知识目标

1. 了解仿真的必要性。

2. 理解 VISSIM 仿真软件构成模块。

技能目标

1. 能够利用 VISSIM 仿真软件进行单个交叉口的构建。

2. 能够熟练操作 VISSIM 仿真软件进行单个交叉口配时方案仿真评价。

素养目标

培养学生的"发现、提出、分析、解决"问题的能力，做到学思结合、知行统一。

 知识准备

一、认识交通仿真

1. 交通仿真简介

系统仿真的概念：通过对系统模型进行实验去研究一个已存在的问题或是完善一个设计中的系统。交通系统仿真是指用系统仿真技术来研究交通行为，它是一门对交通运动随时间和空间的变化进行跟踪描述的技术。从交通系统仿真所采用的技术手段以及所具有的本质特征来看，交通系统仿真是一门在数字计算机上进行交通实验的技术，它含有随机性，并且涉及描述交通运输系统在一定期间实时运动的数学模型。通过对交通系统的仿真研究，可以得到交通流状态变量随时间与空间的变化、分布规律及其与交通控制变量间的关系。交通仿真模型与其他交通分析技术，如通行能力分析、交通流模型、排队理论和需求分析等结合在一起，可以用来对多种因素相互作用的交通设施或者交通系统进行分析和评估。

2. 交通仿真分类

根据交通仿真模型对研究对象描述程度的不同，可以分为微观仿真、中观仿真、宏观仿真和交通规划仿真。

1）微观交通仿真。其对交通系统的要素及行为的细节描述程度最高。例如，微观交通仿真模型对交通流的描述是以单个车辆为基本单元的，车辆在道路上的跟车、超车及车道变换等微观行为都能得到较真实的反映。

2）中观交通仿真。其对交通系统的要素及行为的细节描述程度较高。例如，中观交通仿真模型对交通流的描述往往是以若干辆车构成的队列为单元的，能够描述队列在路段和节点的流入、流出行为，对车辆的车道变换之类的行为也可以简单的方式近似描述。中观交通流模型一般以队列模型为基础，比较适合进行分布式并行计算。

3）宏观交通仿真。其对交通系统的要素及行为的细节描述处于一个较低的程度。例如，交通流可以通过交通流量-密度关系等一些集聚性的宏观模型来描述。对于车辆的车道变换之类的细节行为可能根本就不予以描述。

4）交通规划仿真。它基于交通规划"四阶段"模型，对区域内出行者的出行行为进行仿真，用以评价现状和规划的道路网络、公交线网的总体性能。

3. 微观交通仿真模型

微观交通仿真基于驾驶人行为假设，驾驶人行为决定了单个车辆如何运动，所有车辆一

起运动给出了交通状况的描述。当车辆处于跟驰状态时，其运动状态由前一个车辆决定。

微观交通系统仿真具有许多模型：

（1）道路设施模型　道路设施模型是最重要的静态模型，静态模型是指在一次仿真运行开始后，对象参数不再发生变化。道路设施模型主要用来描述道路的几何特征、车道划分、隔离带以及路肩的宽度、路面类型、固定交通标志的位置等。同时，对于微观交通仿真，道路模型不仅仅是简单的几何图形的记录和表现，更重要的还应起到交通仿真载体的作用，通过有效的数据组织，道路模型必须主动和高效地体现对动态实体——车辆运行的约束作用，提高仿真运行效率。

（2）交通生成模型　交通生成模型是交通系统仿真的最基本模型，主要解决交通流的输入问题。在现实的交通流中，车辆的到达是随机的、离散的，对于这样一个系统进行仿真研究，首先要解决如何得到符合一定概率分布的随机变量。

（3）车辆跟驰模型　车辆跟驰模型是交通系统仿真中最重要的动态模型，模型构造的质量在很大程度上决定着仿真结果的可靠性。车辆跟驰模型是运用动力学方法，探究在无法超车的单一车道上车辆列队行驶时的运动状态的理论。自 20 世纪 50 年代以来，国内外的学者对车辆跟驰模型进行了大量、系统的研究，主要可以分为以下几类：刺激-反应模型、安全距离模型、生理-心理驾驶行为模型、模糊推理模型和元胞自动机模型等。

（4）换车道模型　车辆跟驰模型与换车道模型是微观交通仿真的两个最基本的动态模型，二者共同构成了交通行为模型，用于描述人-车单元的行为。与车辆跟驰行为相比，换车道行为更为复杂，以至于难以用数学方法描述。要描述这样复杂的驾驶行为，必须有大量的微观车辆单元信息作为基础。这也是换车道模型相比于车辆跟驰模型发展滞后的根本原因。

换车道模型的总体水平是建立在假设的基础之上，且假设的条件多是期望车速、期望运行状态等很难验证与标定的参数，因此模型的可转移性普遍不强。

（5）事件反应模型　事件反应模型反映各种各样特定的交通现象，由于实际交通现象以及不同的仿真需求决定了事件反应模型描述内容的多样性。事件反应模型中有多种情形：信号灯交叉口交通仿真的基本模型、公交车的停靠站及出站过程。

4. 微观交通仿真软件

常见的微观交通仿真软件有 VISSIM 软件、PARAMICS 软件、GETRAM/AIMSUN 软件、INTEGRATION 软件，下面主要介绍 VISSIM 软件。

VISSIM 软件是一个离散的、随机的、以 0.1 秒为时间步长的微观仿真软件。车辆的纵向运动采用了心理-生理驾驶行为模型；横向运动（车道变换）采用了基于规则（Rule-based）的算法。VISSIM 提供了图形化界面，用 2D 和 3D 动画向用户直观显示车辆运动。

它可以分析各种交通条件下（如车道设置、交通构成、交通信号、公交站点等），城市交通和公共交通的运行状况，是评价交通工程设计和城市规划方案的有效工具。VISSIM 是解决各种交通问题的有力工具，以下是 VISSIM 的一些主要的用途：

1）公交优先信号控制逻辑的设计、评价和细微调整。

2）对于有协调和感应信号控制的路网进行交通控制的评价和优化（Signal97 接口）。

3）城市道路网中轻轨建设项目的可行性及其影响评价。

4）分析交织区的慢速交通行为。

5）对比分析交通设计方案，包括信号控制交叉口和停车标志控制交叉口、环交和立交的设计。

6）轻轨和公共汽车系统的复杂站点布局的容量评价和管理评价。

7）通过 VISSIM 评价公共汽车优先解决方案（如插队、港湾停靠站扩展和公交专用车道）。

8）使用嵌入式动态交通分配模型，VISSIM 可以解决行驶路径选择的相关问题，如可变信息显示的影响，交通流分向路网邻近区域的可能性。

9）行人的建模和仿真。VISSIM 可以仿真街道和建筑物内行人运动，还可以仿真和演示道路交通和行人之间的交互作用。

VISSIM 由于模拟细致，需要输入较细的背景资料，运算速度受限于计算机内存和显卡功能调节，因此要做大范围交通模拟，其需要较高的硬件支持。

交通仿真模型的精确性主要取决于交通流量模型的质量，例如路网中的车辆行驶行为。VISSIM 采用的车辆限驰模型是 Wiedemann 于 1974 年建立的生理-心理驾驶行为模型。

二、VISSIM 软件构成模块

VISSIM 中每辆车以 $0.1 \sim 1s$ 的间隔重新计算位置，可以研究私家车、公交车和行人的运动，通常的应用包括：

1）仿真交通走廊，确定系统性能、瓶颈和改善潜力。

2）交通管控研究，包括逆行系统、可变速度限制、匝道控制和路线诱导。

3）开发和分析管理策略，包括主线运营和施工期运营影响。

4）交通干道研究。

5）控制逻辑和运行性能分析。

6）公交信号优先策略。

7）公交线路分配。

8）交通净化措施研究。

VISSIM 软件系统架构如图 4-1 所示。

交通系统可归纳为交通供应、交通需求、交通管控设施 3 个部分：①交通供应描述物理基础设施情况，包括信号灯杆、停车设施、公交站、停车场和检测器等放置在物理基础设施上的设施。②交通需求：生成运行在交通供应上的人、车需求。交通需求通过 OD 矩阵、路段输入确定。分配模型和路径流量描述是这个模块的一部分。公交线路被定义为路段和站点的序列。③交通管控设施：非立交的交叉口由交通管控模块定义规则，包括 4 个方向停车让行规则、主次路通过间隙接受的优先规则、交通信号控制方案。这 3 个模块彼此相互关联，如模块 2 车辆可能激活模块 1 的检测器，模块 1 的检测器反过来影响车辆感应信号控制。VISSIM 软件仿真结束后，输出的数据包括：动态演示、交通控制状态、统计数据、车辆状态。

1. 基础设施模块

基础设施模块的底图可以从宏观交通规划软件、GIS、信号配时软件导入，或通过航空图

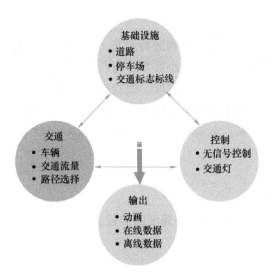

图 4-1　VISSIM 软件系统架构

片、CAD 图片手工绘制。道路和轨道是两个不同的类别。

　　路段和连接器：路网由图描述，包括节点和路段。节点类型包括合流、交叉、分流、横断面变化。VISSIM 通过连接器实现以上 4 种节点的连接，VISSIM 的连接器要求成对出现，如 1 个路段和 3 个路段连接需要 3 个连接器。每个路段都有必备的属性（标号、坐标、车道数、车道宽度、适合的车辆类型）和可选的属性（收费值、驾驶行为，如混合交通、禁止超车等）。图 4-2 给出了路段和连接器示例，其中外侧车道标号为 1，向内侧车道标号依次增大。

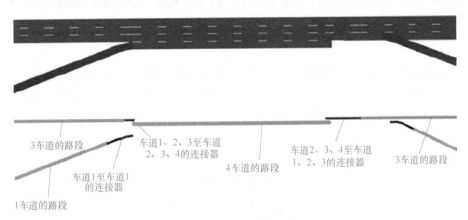

图 4-2　路段和连接器

　　连接器通过车道连接路段，车道分配和可视距离是连接器的重要必备属性，影响车辆的车道选择。

　　除了路段和连接器外，典型的点对象是速度限制标志、停车让行、减速让行、信号灯、公交停靠站（路边式、港湾式）。公交站台的长度应大于最大的公交车长度，否则乘客可能无法上车。如果车辆的路线由动态分配给定，需要设置停车场作为车辆的起始点和目的地。速度区域为路段或连接器指定期望速度。

2. 交通建模

定义了物理基础设施后，需要对车辆进行定义。公交车辆事先给定路线，其他类型车辆搜索自己的路线，车辆类型分为货车、小客车、自行车等。在每个类别里面，车辆特性是车辆长度、宽度、加速度、减速度、最大速度。根据研究目的，车辆的数据输入可以通过输入分布进行简化，而不是输入单个车辆类的特性。车辆长度分布影响排队长度。在建立混合交通模型时，车辆宽度影响结果。车辆类型可以用于采集这一类车辆的值，如行程时间。车辆特性包括：

1）车辆类型。

2）车辆长度或分布。

3）驾驶人的期望加速度和减速度是速度的函数。

4）最大速度分布。

5）车辆宽度。

6）3D 中的颜色分布。

7）车辆宽度分布。

8）排放分布。

9）车辆使用费用。

车辆在路段或停车场被随机生成，停车场可以放在路段中间，数据输入分时段定义。如果交通流量超过路段通行能力，则车辆被堆在路网外面等待，直到有空间进入。如果在模拟结束时堆积车辆没有清空，软件将报告。对于公交车，需要定义所有私家车的属性，还需要定义公交线路、有轨电车、轻轨车，定义公交车的发车间隔。公交车停靠时间由等待时间分布或乘客服务时间确定。

3. 交通控制

1）无信号控制交叉口：没有信号保护的冲突车流的路权通过优先规则建模，包括无信号让行控制交叉口、停车控制交叉口、环岛、合流区、转弯车流与行人冲突、离开公交站的车辆与其他的冲突。设置优先规则如图 4-3 所示，包括停车线、连接器等。

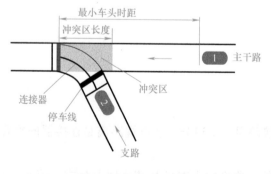

图 4-3　设置优先规则

2）信号控制交叉口：相同信号显示的多个信号灯被定义为信号组。冲突车流的绿灯间隔时间被定义在绿灯间隔矩阵里面，如果每个车流的交通流量由路线定义，那么优化程序能够计算每个周期的延误时间。有很多解析公式能够用于估计定周期控制下的延误、排队长度、停车次数，因此微观模拟更适合用于感应式和自适应控制。考虑车辆到达的随机影响、车辆到达与信号配时间的反馈，VISSIM 包含一个图形流程图的编程语言，可以定义感应信号控制。这种类似 C 语言的结构程序语言，增加了一些与交通工程师相关的功能，如接收检测器脉冲、占有率、车辆存在情况，可以读取信号灯组和信号阶段的显示。自动化的逻辑可以根据信号组、阶段来定义。

4. 数据输出

车辆运动以 2D 和 3D 方式仿真，可以创建 AVI 文件。背景可以采用 Google 卫星图片和 CAD 文件。有些模块可以从 Google SketchUp 或虚拟现实中导入，模拟交通可以导出到 3D max。可以输出延误、行程时间、停车次数、排队长度、速度和密度的详细结果。

语言选择和
软件界面

创建路段

三、VISSIM 仿真模型构建

VISSIM 的仿真流程如图 4-4 所示。

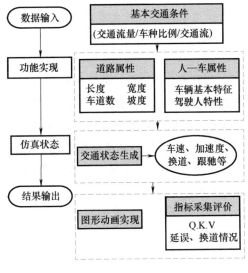

路段操作

车辆输入和
仿真参数设置

图 4-4　VISSIM 的仿真流程

📖 知识拓展

智慧交通驶入快车道

智慧交通是建设交通强国、推进交通运输高质量发展的必然要求。作为智慧城市建设的重要组成部分，智慧交通已进入全面建设阶段，在缓解交通拥堵、优化出行服务等方面发挥重要作用。

1. 进化"城市交通大脑"

"明显感到停车更方便有序。"家住甘肃兰州的吴先生发现，近两年不仅自家小区停车规范了，城区各主要商圈、街道、学校附近的停车位也更好找了。原来，兰州有5000多个公共泊车位被纳入城市级智慧停车管理服务平台，这些泊车位的信息每分每秒都在更新。车主只要打开手机，输入目的地进行搜索，周边的停车场就一览无余。随意点击一处停车点标识，便会显示剩余泊位、收费标准、车场距离等信息，一键导航即可快速到达、安心停放。

早高峰时，十字路口车流不断，绿灯时间随之变长；快下班了，市民手机会收到路况消息，显示哪条路拥堵……在安徽合肥，交通变得越来越"聪明"，这背后离不开"交通超脑"的功劳。"过去摸清交通状况靠人，现在主要由数据'说话'。"合肥交警支队相关负责人表示，通过"AI+大数据""交通超脑"为城市交通提供"眼观八路"的慧眼，有效提升交警在交通管理、城市治理、公众服务等方面的综合水平。

"智慧交通有助于缓解交通拥堵、保障出行安全。"中南财经政法大学数字经济研究院执行院长盘和林接受采访时表示，智慧交通响应当下智慧城市建设的需要，能实现综合交通的信息管理与高效决策。近年来，从缓解汽车拥堵到优化各项出行服务，各地纷纷进化"城市交通大脑"。据悉，全国已确定30多家交通强国建设试点单位，包括省区市交通主管部门、相关大型企业等。在目前公布的数个试点方案建设要点中，"智慧交通"成为主要关键词。中商产业研究院预测，2023年智慧交通行业市场规模有望超过1400亿元人民币。

2. 互联网企业争相布局

业内专家认为，智慧交通以新技术应用为主，需要发挥科技企业尤其是互联网企业的主体作用。当前，中国互联网企业正根据自身的优势特长，紧锣密鼓地推出智慧交通相关解决方案。

百度以自动驾驶、车路协同、高效出行为核心抓手，推出智能交通解决方案"ACE交通引擎"。阿里巴巴升级智慧高速解决方案，通过数据处理和视频感知，助力处理高速公路上的各项问题。华为发布面向交警领域的"交通智能体"解决方案，不久又发布围绕地铁建造运营场景的智慧城轨解决方案。

腾讯与交通部联合成立"公共交通出行大数据平台"，推动交通大数据在交通产业发展中融合应用。

3. 安全和效率是关键

据悉，中国交通运输行业已广泛应用北斗导航系统。交通运输部数据显示，目前，大概有698.61万辆道路营运车辆已经安装使用北斗系统，占运营车辆的96%；邮政快递车辆中，3.14万辆装了北斗导航系统，占邮政快递运营车辆的88%。"交通运输行业是北斗系统重要的民营应用领域和行业。"交通运输部政策研究室主任吴春耕表示，下一步将继续在交通行业更多领域推广应用北斗导航系统，实现北斗导航在交通行业全覆盖。

对于交通行业来说，无论怎么升级，保证安全、提升效率才是关键。在谢建家看来，未来交通要实现以人为中心的"人车路"智联。"智联的核心是科技，出行的核心在用户。要让每一条路都智慧互联，让每一次出行都智能随心，让每一辆车都自动安全，让每一个空间都服务贴心。"

"智慧交通不仅仅是解决出行问题，更重要的是将出行服务化。"盘和林说，"一天当中，人们有不少时间用于出行。未来智慧交通要让大家享受出行，让出行成为第三空间，从'让出行便捷生活'转为'让出行成为生活'。"

实施与评价

案例：该实例素材参考同济大学杨晓光教授课题组撰写的厦门市莲坂环形交叉口交通改善方案。利用 VISSIM 软件建立路网、输入交通流量、设置信号配时方案、输出评价指标和仿真过程录像等内容，同时学习环形信号控制交叉口的运行原理。

1. 新建文件及导入底图

1）新建仿真案例文件夹，例如"E:\VISSIM 环交案例"。

2）将仿真所需的底图文件"厦门莲板环交路口.JPG"（图 4-5），复制到该仿真案例文件夹。

3）依次单击 Windows 操作系统"开始"→"所有程序"→"PTV Vision 2014"→"PTV Vissim 7（Student）"（或者从桌面上双击 PTV Vissim 7（Student）图标）即可打开 VISSIM 仿真软件。

环形交叉口
VISSIM仿真案例

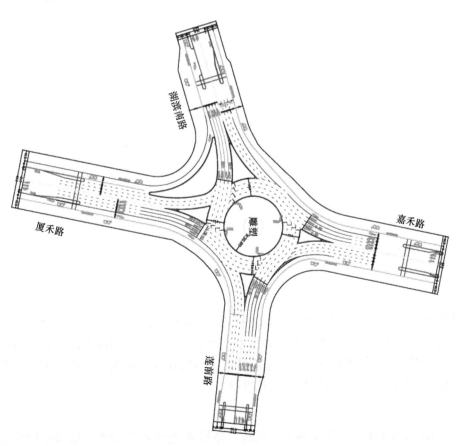

图 4-5　厦门莲板环交路口交通渠化设计

4）加载底图。在左侧工具栏中单击"背景图"，按住 Ctrl 键和鼠标右键，出现如图 4-6 所示对话框，单击"添加背景图片"，选择"E:\VISSIM 环交案例"路径下的"厦门莲板环交路口 .JPG"，单击"关闭"，即可将底图文件"厦门莲板环交路口 .JPG"导入仿真软件，显示在视图区的左下角。在左侧工具栏中选择"显示整个路网"按钮，则可将底图布满视图区，如图 4-7 所示。以上操作实现了将仿真路网图片导入到 VISSIM 软件作为底图。

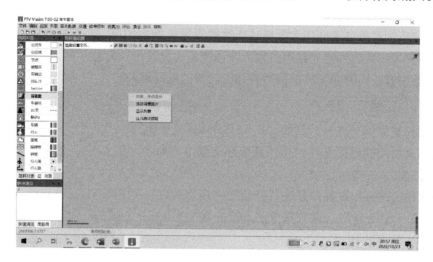

图 4-6　读取底图

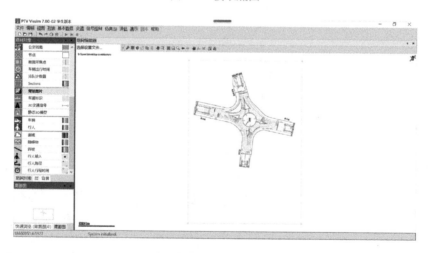

图 4-7　导入底图

5）调整比例。在窗口按住 Ctrl 键和鼠标右键，选择"设置比例"，可将底图调整为合适的大小，选取图中较精确的参考位置（如图 4-8 所示选取宽度为 19m 的四车道为参考位置），按住鼠标左键不放，由参考位置的起点拖至终点，然后松开，输入实际长度 19m，单击"确定"。选择的参考宽度越大，底图校准得越准确。

2. 建立路网

1）绘制进出口车道。利用左侧工具栏的"路段 & 连接器"功能，根据车辆行驶的方向建立直行车道，按住鼠标右键，从起点拖至终点。并在路段中单击右键添加控制点，通过控制点的拖拽可以调整路段线型。用同样的方法建立右转车道。

　　由于该环形交叉口进口道进行了拓宽，应分为两个路段绘制，再用连接器进行连接，如图 4-9 和图 4-10 所示。

环形交叉口西进出口道绘制

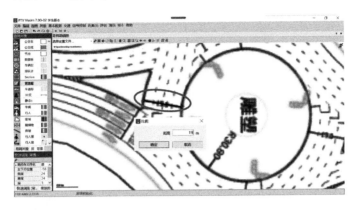

图 4-8　调整比例

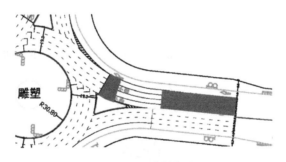

图 4-9　分段绘制东进口

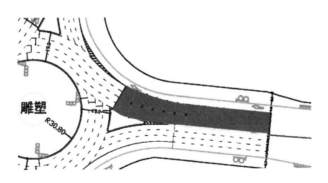

图 4-10　东进口路段连接

　　双击路段，弹出"路段属性"对话框，可以在对话框中设置车道宽度和车道数等属性，如图 4-11 所示。双击路段，弹出"连接器"对话框，可以在对话框中设置"重新计算曲线"和"点数"来改变和确定曲线渐变点个数，如图 4-12 所示。VISSIM 软件中路段连接器采用"车道一对一"原则，即每个路段连接器的起始路段数量和终止路段数量相同。一个路段可以同时被多条路段连接，此时需要建立多个路段连接器。

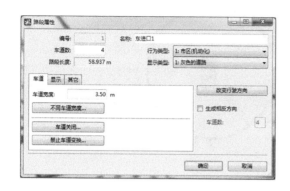

图 4-11　路段属性

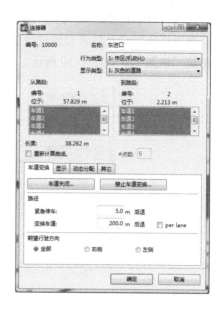

图 4-12　连接器属性

根据实际路网的车道宽度和车道数，依次建立各方向进出口道，如图 4-13 所示。

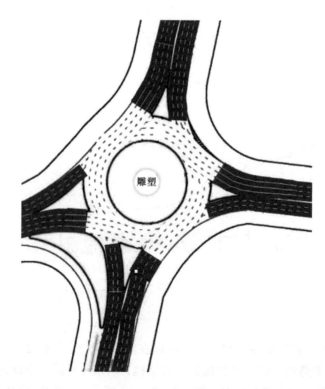

图 4-13　建立各方向进出口道

2）建立环岛路网。根据环岛路网情况，逆时针建立一个四车道（每车道 4.75m）的封闭圆环。先绘制一个路段，然后利用插入控制点调整该路段为圆形，再用连接器将首尾连接使其封闭。然后用连接器将各进口道、出口道与环岛路网连接，如图 4-14 所示。

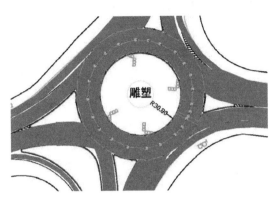

图 4-14　建立环岛路网并与进出口道连接

3. 输入交通流量及设置路径决策

1）输入交通流量。在左侧工具栏中选择"车辆输入"按钮，在进口道的最上面左键双击，会弹出"车辆输入"对话框，输入高峰小时交通流量，并选择车辆构成（如图 4-15 所示，图中车辆构成选择的是：默认，该图框右侧的两个时间输入值表示仿真时间开始值、仿真时间结束值）。

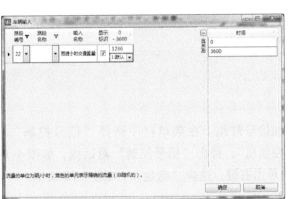

图 4-15　在进口道上游输入交通流量

如上所述，依次输入各进口道的交通流量，在"视图区"的空白处单击右键，可查看已输入的交通流量，如图 4-16 所示。

2）设置路径决策。在左侧工具栏中选择"路径"按钮，然后单击左键进口道路段，在该路段上单击右键（以北进口为例），此时路段上会出现红色线段，并弹出"创建路径决策点"对话框，单击"确定"，如图 4-17 所示。再依次选择东出口道、南出口道、西出口道，即可设置北向车辆的左、直、右流向的路径决策，并在 0 ~ 99999 中设置各方向交通流量比，如图 4-18 所示。按上述操作依次

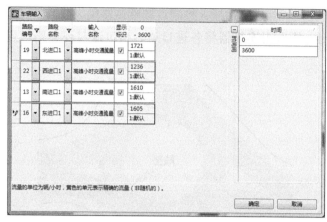

图 4-16　查看交通流量输入情况

完成各方向的路径决策。

图 4-17　创建路径决策点

图 4-18　设置各决策路径流量值

4. 添加信号灯组及设置配时方案

信号控制
机设置

1）添加信号灯组。在菜单栏中选择"信号控制"，在下拉对话框中选择"编辑信号控制机"，弹出"信号控制"对话框，如图 4-19 所示。在对话框的左侧列表框中单击右键，选择"新建"，如图 4-20 所示。

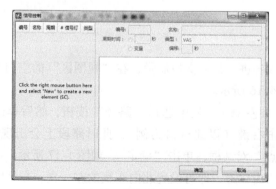

图 4-19　添加信号控制机

图 4-20　固定配时信号控制

在"信号控制"的选项框中，单击"固定配时"，单击"编辑信号控制"，然后单击 6 次 ✛ 图标，如图 4-21 所示。

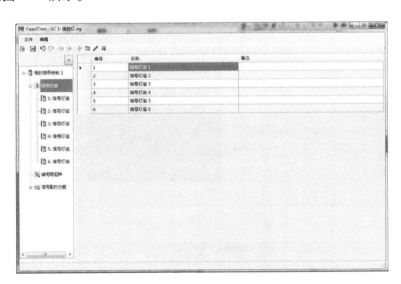

图 4-21　添加 6 个信号灯组

2）设置信号配时方案。单击信号配时方案，在右侧空白处单击右键，建立一个信号配时方案"信号配时方案 1"，如图 4-22 所示。单击"信号配时方案 1"对信号配时方案进行编辑，如图 4-23 所示。

5. 设置信号灯

在左侧工具栏中选择"信号灯"按钮，在路网的停车线位置处单击右键，即可新建一个信号灯，弹出"信号灯"对话框，在该对话框中可设置编号、信号控制机和信号灯组等参数，如图 4-24 所示。

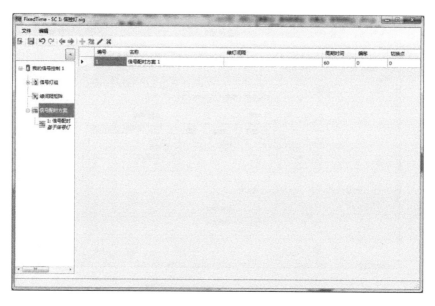

图 4-22　建立一个信号配时方案

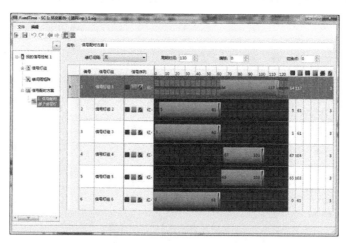

图 4-23　编辑信号配时方案

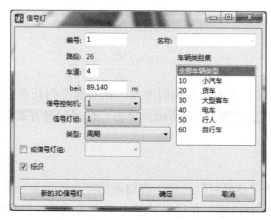

图 4-24　设置信号灯

在设置信号灯时，应注意每个车道的信号灯都要对应一个信号控制机和一个信号灯组。在本仿真案例中，所有信号灯都是设置为信号控制机 1，各信号灯对应的编号如图 4-25 所示，各信号灯与信号灯组的对应关系见表 4-1。

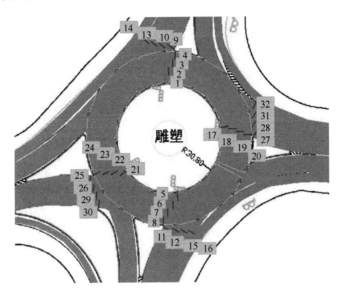

图 4-25　各信号灯对应的编号

表 4-1　各信号灯与信号灯组的对应关系

信号灯组编号	对应的信号灯编号
1	1、2、3、4、5、6、7、8
2	9、10、11、12
3	13、14、15、16
4	25、26、27、28
5	29、30、31、32
6	17、18、19、20、21、22、23、24

6. 检测器设置与评价

针对本仿真案例，可设置的检测器有：数据检测点、行程时间检测器、排队计数器和节点检测器。

1）数据检测点的设置与评价。在左侧工具栏中选择"数据检测点"按钮，在路网中选择需要设置的位置，单击右键，弹出"数据采集点"对话框，单击"确定"，如图 4-26 所示。

在菜单栏中选择"评价"→"文件"，弹出"评价（文件）"对话框，选中"数据采集"，进行"配置"，如图 4-27 所示。弹出"数据采集"对话框，选择"统计数据"，选择"配置"，如图 4-28 所示。弹出"数据检测-配置"对话框，可以配置车速、加速度等指标，如图 4-29 所示。点击"确定"后，在"数据采集"对话框中选择"新建"，选择一个数据采集点，单击"确定"，即可完成配置。

图 4-26 设置数据检测点

图 4-27 配置数据检测点

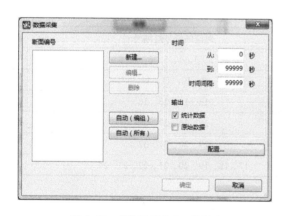

图 4-28 "数据采集"对话框

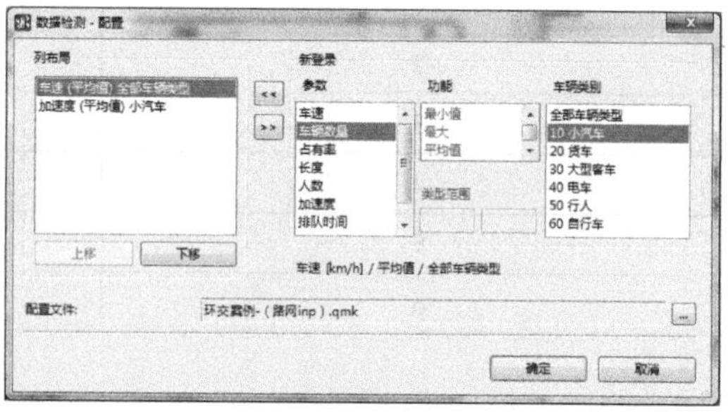

图 4-29 "数据检测-配置"对话框

配置完成后,进行仿真,在"E:\VISSIM 环交案例"中会生成一个后缀为".mes"的文件,即输出的数据检测点评价指标,可使用记事本软件打开,如图 4-30 所示。

2)行程时间检测器的设置与评价。在左侧工具栏中选择"行程时间检测器"按钮,在路网中选择需要设置的位置,分别在起、终点单击右键,弹出"创建行程时间检测"对话框,如图 4-31 所示,单击"确定"。

在菜单栏中选择"评价"→"文件",弹出"评价(文件)"对话框,选中"行程时间",进行"配置",如图 4-32 所示。弹出"行程时间检测配置"对话框,如图 4-33 所示,单击"确定",即可完成配置。

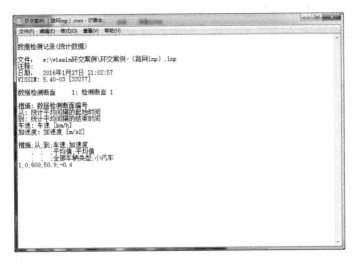

图 4-30　输出的数据检测点评价指标

图 4-31　"创建行程时间检测"对话框

图 4-32　配置行程时间

图 4-33　"行程时间检测配置"对话框

在菜单栏中选择"评价"→"文件",弹出"评价(文件)"对话框,选中"延误",进行"配置",弹出"延误检测-配置"对话框,如图4-34所示,单击"确定",即可完成配置。

图4-34 "延误检测-配置"对话框

图4-33和图4-34对话框中"时间间隔"是指VISSIM软件采集行程时间和延误的时间间隔,可根据实际需要进行设置,一般以周期为单位。

配置完成后进行仿真,在"E:\VISSIM环交案例"中会生成一个后缀为".rsz"的文件,如图4-35所示,即输出的行程时间评价指标;还会生成一个后缀为".vlz"的文件,如图4-36所示,即输出的延误评价指标。

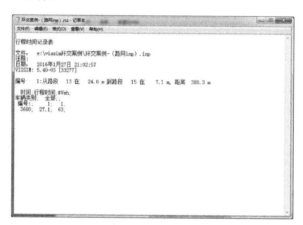

图4-35 输出的行程时间评价指标

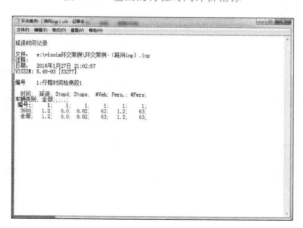

图4-36 输出的延误评价指标

3）排队计数器的设置与评价。在左侧工具栏中选择"排队计数器"按钮，在进口道位置设置，单击右键，弹出"排队计数器"对话框，单击"确定"，如图 4-37 所示。

图 4-37 "排队计数器"对话框

在菜单栏中选择"评价"→"文件"，弹出"评价（文件）"对话框，选中"排队长度"，进行"配置"，弹出"排队计数器-设置"对话框，如图 4-38 所示，在该对话框中可调整开始与结束速度、最大车头距和最大长度来定义排队，单击"确定"，即可完成配置。

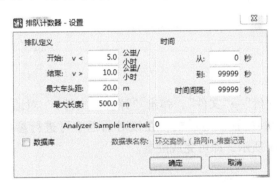

图 4-38 "排队计数器-设置"对话框

配置完成后进行仿真，在"E:\VISSIM 环交案例"中会生成一个后缀为".stz"的文件，如图 4-39 所示，即输出的排队计数评价指标。

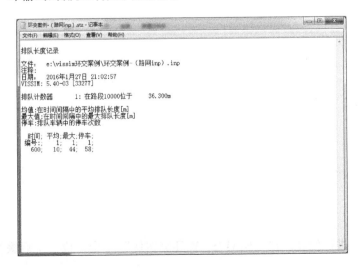

图 4-39 输出的排队计数评价指标

4）节点检测器的设置与评价。在左侧工具栏中选择"节点"按钮，用节点检测器绘制所选范围。具体操作：单击鼠标右键，从第 1 个点拖至第 2 个点，松开鼠标，在第 3 个点处单击，依次操作，最后回到第 1 个点处双击，完成绘制检测范围。最后弹出"节点"对话框，如图 4-40 所示，单击"确定"。

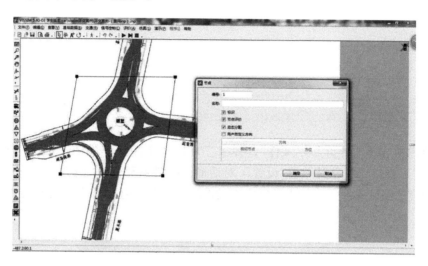

图 4-40　设置节点检测器范围及"节点"对话框

在菜单栏中选择"评价"→"文件"，弹出"评价（文件）"对话框，选中"节点"，进行"配置"，弹出"节点评价-配置"对话框，在该对话框中可进行参数选择和车辆类别选择，点击"确定"，如图 4-41 所示，即可完成配置。

图 4-41　"节点评价-配置"对话框

配置完成后，进行仿真，在"E:\VISSIM 环交案例"中会生成一个后缀为".kna"的文件，如图 4-42 所示，即输出的节点评价指标。

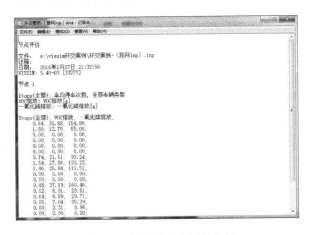

图 4-42 输出的节点评价指标

7. 仿真过程录像

1）记录动画文件。在菜单栏中选择"演示"→"动画参数"，弹出"动画参数"对话框，在对话框中调整时间间隔和所选区域，如图 4-43 所示，单击"确定"。在菜单栏中选择"演示"→"AVI 记录"，然后进行仿真。

2）播放动画文件。在菜单栏中选择"演示"→"动画参数"，可设置连续、单步、停止、单步后退和连续后退。

3）录制视频文件。在菜单栏中选择"仿真"→"参数"，弹出"仿真参数"对话框，如图 4-44 所示，在该对话框中可对交通规则、仿真时间等参数进行编辑。

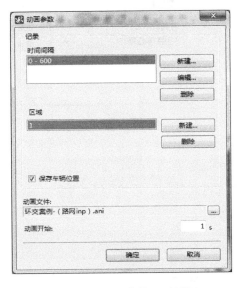

图 4-43 "动画参数"对话框

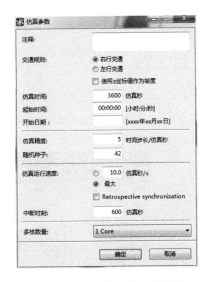

图 4-44 "仿真参数"对话框

通过"Ctrl + D"可以将 2D 模式转化成 3D，在菜单栏中选择"演示"→"3D 视频"→"关键帧"，弹出"关键帧"对话框，如图 4-45 所示。单击"新建"，编辑"起始时间"和"停留时间",单击"确定",如图 4-46 所示。

图 4-45 "关键帧"对话框

图 4-46 "编辑关键帧"对话框

在菜单栏中选择"演示"→"记录 AVI 文件",进行仿真,弹出"选择 AVI 文件"对话框,命名为"环交案例视频",单击"保存",如图 4-47 所示,弹出"视频压缩"对话框,如图 4-48 所示,单击"确定",等待仿真结束后,在"E:\VISSIM 环交案例"中会生成一个后缀为".avi"的视频文件,即完成视频录制,如图 4-49 所示。

图 4-47 保存环交案例视频

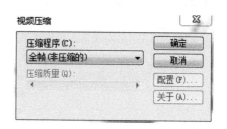

图 4-48 视频压缩

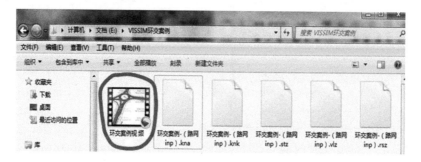

图 4-49 仿真视频录制完成

请按照"任务工单 8　单个信号控制交叉口 VISSIM 仿真"要求完成本任务。

任务 9　干线协调信号控制 VISSIM 仿真

 **任务描述**

将"任务工单 2　干线交叉口交通信号协调控制设计"中的配时方案设计的案例，利用 VISSIM 仿真软件对绿波效果进行分析评价。

 **学习目标**

知识目标

1. 进一步理解交通需求、车辆运行和仿真输出等各模块的功能。
2. 理解车流在路段上运行的离散特性。

技能目标

1. 能够利用 VISSIM 仿真软件进行干线多个路口的构建。
2. 能够熟练利用 VISSIM 仿真软件进行干线协调控制方案评价。

素养目标

提升思维的灵活性，培养自主学习能力和实践能力，充分发挥主观能动性。

知识准备

根据一条路线上的交通流量大小和平均行驶速度，设置路线上每一个交叉口的红灯和绿灯时间，使得每个周期内车流通过每个交叉口都是绿灯。绿波带宽度要满足首车和尾车均能连续通过每个交叉口的需要，显然它与交通流量和离散性有关。绿波带的斜率等于车流中所包含的所有车辆的平均行驶速度。如果车流沿整条路线的行进速度是变化的，那么反映在距离-时间图上的绿波带速度就不是两条斜直线。同样的道理，如果把车流运动过程中发生离散以及沿途交通流量发生变化的情况考虑进来，绿波带宽度就会发生变化。因此，影响干线协调控制的主要因素有以下几点。

1. 平均速度的影响

车速是绿波设计的关键因素。如果在设计时，车速值取得不合适，实际控制效果不会很好，甚至导致设计完全失败。

观察路段上行驶的车辆，每一辆车的行驶速度是千差万别的，但车流的平均车速的波动范围是有限的。此处不是车辆通过某一点的瞬时速度的平均值，而是在一个区间段（从上游停车线到下游停车线）内的行程速度平均值，该值为速度的空间平均值。

为了确定车流的空间平均速度，必须掌握车流中所有车辆的空间速度分布规律。在不同的道路上，车速分布规律可能是不同的，应该根据观测的数据，再经统计分析，以确定车流空间速度的实际分布曲线。在设计绿波方案时，沿整条控制路线，不一定始终采用同一个设计车速，而是应根据每一路段具体情况分别选用合适的车速，尤其是在全线各段交通情况差异很大时更应如此。

2. 车流离散性的影响

车流离散性主要反映在车流运动过程中，其头部和尾部之间的距离逐渐加大，以致整个车流通过下游停车线所需的时间加长。在长距离交叉口，这种现象更明显。

如果考虑这种离散影响，在绿波设计时，绿波带宽度 B 不应取作常数，而应是一种扩散的变宽绿波带，如图 4-50 所示。绿波带宽度 B 应根据"首车"和"末车"的速度来确定。但是，应该注意到，如果下游交叉口的绿灯时间都按照"扩散"的绿波带设计，则下游交叉口的绿灯时间就会长得无法接受，这是一种对离散性不加约束的控制方式，在实际工作中往往是不可取的。因为，沿主路方向设置过长的绿灯，意味着使支路上所获得的绿灯时间相应地压缩到很短。这样，一方面主路方向绿灯时间利用率很低，而另一方面，支路上饱和度却变得很高，车辆受阻延误时间大大增加。只有在某些特殊路段，且下游交叉口支路上车流量不大的情况下，经过全面的利弊权衡，才可以考虑采用变宽绿波带，而且这种变宽绿波带一般不应贯穿全部控制路线。在大多数情况下，采用对离散约束的控制方法，即采用等宽绿波，车流在一个路段上产生离散，经过信号约束，不再继续扩展到下一个路段。这样，位于车流首部和尾部的部分车辆会在每一个路口有一定的延误。从行车安全角度来说，以推迟绿灯开始时间，阻挡一下车速过快的首部车辆为宜。这样设置，实际上还可能起到一种调节车流离散程度的作用，因为开"快车"的前部车辆受到红灯连续阻滞后，驾驶人会意识到应当适当降低速度才有可能不再受阻。

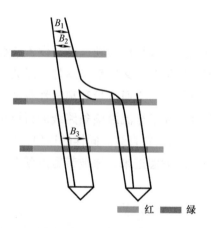

图 4-50　变宽绿波带示意图

3. 公交优先的影响

如果沿主要控制路线有公共汽车行驶，并打算在信号控制方案中对公共汽车行驶给予一定的优先权，那么，就可以设计一种照顾公共汽车行驶特点的绿波配时方案。

公共汽车有别于其他机动车的行驶特点，主要有两点：一是车速低；二是沿途要停靠站上下乘客。如果不照顾公共汽车行驶特点，按照所有车辆的平均速度设计绿波，则会使公共汽车受到红灯信号阻滞的频率大大高于一般车辆，而且受阻延误时间也会大大超过其他车辆。从运输经济角度来说，这种控制对策显然是不可取的。

为了安排便于公共汽车行驶的绿波，必须调查收集如下几项基本资料：

1）一个信号周期内到达停车线的公共汽车平均数。

2）每一区间路段上，公共汽车平均行驶时间。

3）公共汽车停车站设置情况（在每一区间路段有几次停车）。

4）在每一个停车站公共汽车平均停车时间。

根据以上调查资料，在"时间-距离"轨迹图上，不难绘出公共汽车的行驶过程线，然后便可据此安排一个初始的绿波方案。初始绿波方案，虽然能够比较理想地满足公共汽车受阻滞最少的要求，但很可能会过分地增加其他车辆受阻延误时间。为了检验方案的可行性，应该把其他车流在初始绿波方案控制下的行驶过程也绘制在同一张"时间-距离"图上，并计算出它们在沿线各个交叉口受阻平均延误时间总和。利用某种目标函数，可以对这一初始方案的经济效益做出估价。若认为是经济的，便可不再对此方案进行调整。否则，应当调整绿波方案，并重复上述步骤，直到得到满意的方案为止。

4. 转弯车流的影响

沿控制路线的各个交叉口上，主路车流中可能会有部分车辆转弯离开主要路线，转到支路上去。同样，沿途也可能有若干车流从支路上转弯汇入主要路线车流中。这样，沿主要控制路线上，车流的交通流量将不是一个恒定的数值，绿波带宽度也就不应该是一个不变的定值。绿波带宽度只要与每一区间段上的实际交通流量（把转弯驶入与驶出的交通流量考虑在内）相适应即可。需要说明的是，从支路上驶入主路的车流和主路上原有的车流，它们在"交通流量-时间"图示上可能有一个时距差，如图 4-51 所示。

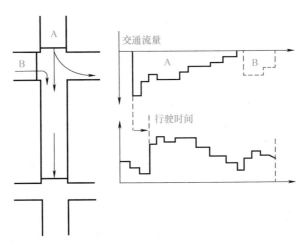

图 4-51　转弯车流交通流量-时间图示

因此，它们到达下游停车线的时间就不一致。在安排下游交叉口的绿灯时间时，应该充分考虑到这一点。但是，这并不等于在任何情况下都要照顾支路上驶入的车流，要看具体支路上交通流量大小与主路车流的时距差大小等。

5. 交通流量波动的影响

一天中交通流量的早晚高峰时段和平峰时段，它们不仅在交通流量上可能会有较大的差别，平均速度也很可能不相同。因此，在进行一条路线的绿波配时设计时，应该认真地调查一天中交通状况（交通流量及平均车速等）的变化规律，甚至对不同日期乃至不同季节的交通变化也应有较详细的了解，以便制订适应不同季节、不同日期和不同时段的绿波配时方案。

6. 相位、相序设计的影响

信号配时方案与信号相位有关，信号相位越多，对绿波带影响越大，尤其是多相位的复杂交叉口，应当变化相序，经过反复比较，选择一个最经济的方案。

可根据本项目任务 8 中 VISSIM 软件单个交叉口仿真基础，来实现本任务中的多个交叉口仿真，并通过仿真调整影响干线协调信号控制效果的参数，体会其效果。

知识拓展

智慧交通的"破局"之路

20 世纪末，随着汽车保有量增加，交通拥堵、事故频发等问题突出。因此，运用了信息技术、电子传感技术、卫星导航与定位技术等多种新技术的智能交通系统应运而生。它的本质是将人、车、路三者综合起来考虑，人是指一切与交通运输系统有关的人，包括交通管理者、操作者和参与者；车是指各种运输方式的运载工具；路指的是道路及航线等。

智慧交通是在智能交通的基础上，融入物联网、云计算、大数据、移动互联等高新技术，给交通安装"大脑"，让交通运输更为先进、智能、智慧。

现如今，智慧交通已经不知不觉地渗透到我们的生活中。共享单车、网约车、分时租赁和充电桩等装置，就是运用资源共享系统在交通资源配置领域发挥作用。在桥梁、隧道、浓雾和风雪等高风险地带扩大监控范围，在道路交叉口上设置电子警察、高清卡口、车牌抓拍和信号灯等对来往车辆进行引导，从区域监测方面不断迈向智慧化。除此之外还有电子公交站牌，自动售检票系统以及人脸识别系统等技术。

以未来智慧交通中的无人驾驶汽车为例，如果一条城市道路双向 4 个车道，还有两条停车道，那么留给人行的道路将变得非常狭窄。要形成智慧型的交通体系，就要很好地实现智能出行。随着未来自动驾驶技术的完善，传统道路宽度的容错余量及道路中间的隔离带将退出历史舞台。无人驾驶汽车将你送达目的地后，可以自行寻找停车场。如此一来，大量既有机动车道路空间和路边停车位将会被释放，重新平衡的路权使原有狭窄、嘈杂的人行空间得到活力重塑，人行步道和自行车道所构成的慢行空间将成为人们自由交流的社交场所。

 **实施与评价**

案例：该实例素材参考 Salter 撰写的《Highway traffic analysis and design》第 47 章实例。该案例利用 VISSIM 软件建立路网、输入交通参数、设置绿波信号控制方案、输出评价指标和仿真过程录像等，能进一步帮助理解交叉口绿波控制的运行原理。

本实例包含 4 个信号控制交叉口，均为两相位信号控制，交叉口间距均为 500m。这 4 个信号控制交叉口位于东西向干道，该干道拥有双向 6 个机动车道，与该干道相交的南北向道路均为双向 4 车道，启动损失时间为 2s，黄灯时间为 3s，交叉口交通流量见表 4-2。

表 4-2　交叉口交通流量

交叉口	进口	流向交通流量 /(veh/h)	进口交通流量 /(veh/h)	饱和流量 /(veh/h)	每周期损失时间/s
A	东	左 60 直 1140 右 50	1250	4015	6
	西	左 60 直 1340 右 50	1450	4015	
	北	左 50 直 900 右 50	1000	2250	
	南	左 50 直 700 右 50	800	1950	
B	东	左 60 直 1240 右 50	1350	4015	8
	西	左 60 直 1440 右 50	1550	4015	
	北	左 50 直 1100 右 50	1200	2700	
	南	左 50 直 550 右 50	650	2250	
C	东	左 50 直 1000 右 50	1100	4015	8
	西	左 50 直 1400 右 50	1500	4015	
	北	左 50 直 800 右 50	900	2250	
	南	左 50 直 450 右 50	550	2250	
D	东	左 50 直 1200 右 50	1300	4015	8
	西	左 50 直 1300 右 50	1400	4015	
	北	左 50 直 900 右 50	1000	2700	
	南	左 50 直 500 右 50	600	1950	

首先计算每个交叉口的最佳周期，取其最大值作为共用周期，计算结果见表 4-3。

表 4-3　交叉口最佳周期计算结果

交叉口	进口	交通流量比率值	最佳周期/s
A	东	0.31	$\dfrac{1.5 \times 6 + 5}{1 - (0.36 + 0.44)} = 70$
	西	0.36	
	北	0.44	
	南	0.41	

（续）

交叉口	进口	交通流量比率值	最佳周期/s
B	东	0.34	$\dfrac{1.5 \times 8 + 5}{1 - (0.39 + 0.44)} = 100$
	西	0.39	
	北	0.44	
	南	0.29	
C	东	0.27	$\dfrac{1.5 \times 8 + 5}{1 - (0.37 + 0.4)} = 73.9$
	西	0.37	
	北	0.4	
	南	0.25	
D	东	0.32	$\dfrac{1.5 \times 8 + 5}{1 - (0.35 + 0.37)} = 60.7$
	西	0.35	
	北	0.37	
	南	0.31	

最长周期出现在交叉口 B，该交叉口为关键交叉口，因此绿波控制的共用周期为 100s。B 交叉口东西向相位的有效绿灯时间为

$$\frac{y}{Y}(C - L) = \frac{0.39}{0.83}(100 - 8) = 43.2 \tag{4-1}$$

实际绿灯时间等于有效绿灯时间 + 启动损失时间 - 黄灯时间 = $(43.2 + 2 - 3)$ s $= 42.2$ s，这个绿灯时间也是其余交叉口东西向相位的最小绿灯时间。B、C、D 交叉口最大绿灯时间通过计算相交道路的最小绿灯时间计算，等于

$$\frac{y \times C}{0.9} \tag{4-2}$$

其中 y 是相交道路的交通流量比率，C 为周期，计算结果见表 4-4。

表 4-4　最大绿灯时间计算

交叉口	相交道路交通流量比率最大值	相交道路的最小有效绿灯时间/s	相交道路的最小实际绿灯时间/s	东西向干道最大绿灯时间/s
A	0.44	48.9	47.9	48.1
B	0.44	48.9	47.9	48.1
C	0.4	44.4	43.4	51.6
D	0.37	41.1	40.1	54.9

由于交叉口间距均为 500m，且共用周期为 100s，因此当相位差为半周期时，绿波效果最佳，波速为 36km/h。根据最小实际绿灯时间和最大实际绿灯时间，通过不断地调整配时方案，利用输出的 VISSIM 仿真指标，分析信号配时方案的效果。

1. 建立路网

将路网底图通过 AUTOCAD 软件绘制，然后另存为 JPG 图片格式，再导入 VISSIM 软件作为仿真底图，通过调整比例校准，使得 JPG 底图的尺寸与 VISSIM 软件中的尺寸一致。本部分

介绍直接利用 VISSIM 窗口左下角提示的长度信息绘制路网，这种方法适合于小规模的简单路网绘制。VISSIM 8 绘制路网窗口的网格间距为 20m。图 4-52 是绘制的 A 交叉口，包括车道、流向标志和路径决策设置。

图 4-52　A 交叉口

2. 输入交通流量及设置路径决策

（1）输入交通流量　在左侧工具栏中选择"车辆输入"按钮，在进口道的上游双击，会弹出"车辆输入"对话框，输入高峰小时交通流量，并选择车辆构成。交叉口 A 的西进口是交叉口 B 的东出口。交叉口 B 的东出口交通流量等于该交叉口西直、南右、北左三个流向交通流量之和，等于 1540veh/h。A 交叉口西进口交通流量为 1450veh/h。因此需要在两个交叉口之间的路段上额外增加一个道路，当车流从交叉口 B 驶向交叉口 A 时，驶出该额外增加道路（1540 − 1450）veh/h = 90veh/h 交通流量，从而平衡交叉口 B 的东出口与交叉口 A 的西进口交通流量，如图 4-53 所示。其余交叉口之间也需要做类似的交通流量平衡。各交叉口之间的交通流量平衡表见表 4-5。

表 4-5　交叉口间交通流量平衡表

需要平衡交通流量的路段两端		交通流量平衡值/(veh/h)
A 交叉口西进口	B 交叉口东出口	驶出额外道路 1540 − 1450 = 90
A 交叉口西出口	B 交叉口东进口	由额外道路驶入 1350 − 1240 = 110
B 交叉口西进口	C 交叉口东出口	由额外道路驶入 1550 − 1500 = 50
B 交叉口西出口	C 交叉口东进口	驶出额外道路 1340 − 1100 = 240
C 交叉口西进口	D 交叉口东出口	由额外道路驶入 1500 − 1400 = 100
C 交叉口西出口	D 交叉口东进口	驶出额外道路 2000 − 1300 = 700

图 4-54 显示设置了交通流量平衡后的仿真路网，其中最右端交叉口标号为 A，依次向左为 B、C、D。额外设置的交通流量平衡路段相当于现实路网中车行出入口、沿线支路等交通发生、吸引源。

（2）设置路径决策　在左侧工具栏中选择"路径"按钮，然后单击进口道路段，在该路段上单击右键（以 A 交叉口东进口为例，如图 4-55 所示），再依次选择左转、直行、右转车道，输入表 4-2 所示的交通流量。

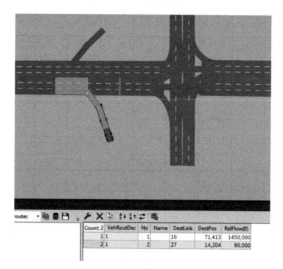

图 4-53　A 交叉口西入口与 B 交叉口东出口之间的流量平衡

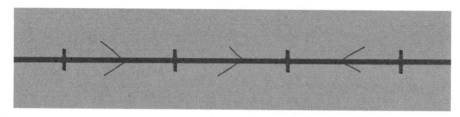

图 4-54　4 个交叉口作交通流量平衡后的仿真路网

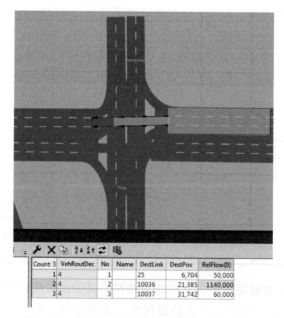

图 4-55　A 交叉口东进口各流向交通流量输入

3. 添加信号灯组及设置配时方案

根据表 4-4 计算的信号配时结果，在 VISSIM 中设置每个交叉口的信号配时方案，每个交叉口均设置两个信号灯组（相位）：南北向车流、东西向车流，如图 4-56 所示。

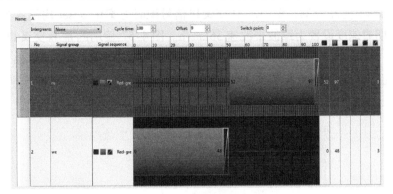

a) A 交叉口信号配时方案

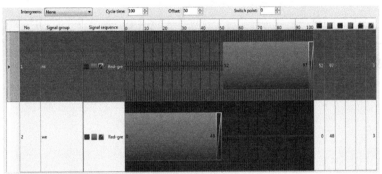

b) B 交叉口信号配时方案

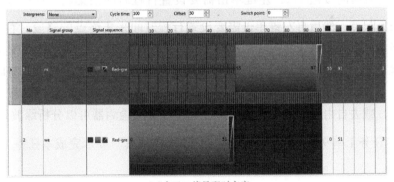

c) C 交叉口信号配时方案

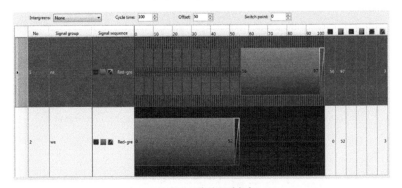

d) D 交叉口信号配时方案

图 4-56　各交叉口信号配时方案

VISSIM 中采用的相位差设置是相对相位差，以 A 交叉口作为参考位置，因此 A 交叉口信号配时方案中 offset 设置为 0s，B、C、D 交叉口信号配时方案中 offset 均设置为 50s。在"车辆构成"中将期望速度设置为绿波带波速 36km/h。图 4-57 显示的是 B 交叉口东西向绿灯启亮时刻开始时，从 A 交叉口驶向 B 交叉口的车流到达情况。从图中可以看出，AB 路段由东向西方向有两组车队，第 1 个车队驶向停车线时刚好遇上绿灯。第 2 个小车队与停车线距离较远，可能遇上红灯，这是由于车流在道路上行驶时出现车队离散导致的。

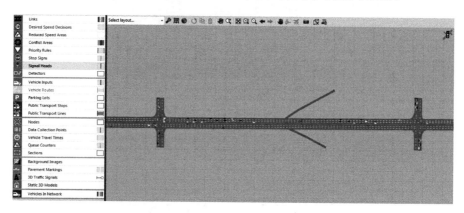

图 4-57　A、B 交叉口信号协调效果

4. 添加车辆行程时间检测器

单击车辆行程时间按钮，左键单击需要设置行程时间采集起点的路段，右键单击设置行程时间采集起点；然后再左键单击需要设置行程时间采集终点的路段，右键单击设置行程时间采集终点。对于本例，共设置两对行程时间采集检测器，分别是从 A 交叉口至 D 交叉口、从 D 交叉口至 A 交叉口。由于总路段长度是 2.5km，车辆的期望车速是 36km/h，因此自由流时间为 4.17min。通过行程时间检测器获得的文件可以分析车辆经过该段道路的行程时间均值和方差，减去自由流时间即为延误。利用行程时间检测器可以分析绿波效果。

请按照"任务工单 9　干线协调信号控制 VISSIM 仿真"要求完成本任务。

公交优先信号设计

 **项目描述**

公交车辆检测技术作为"公交优先"思想的基本环节，已经成为智能交通系统中不可或缺的组成部分。世界上的公交车辆检测技术已经取得了显著的成绩，并形成了一些经典的检测方式。

在道路渠化层面设计公交专用道来实现公交车辆优先，从道路信号控制技术层面设计公交优先信号。本项目在空间层面和技术层面考虑实现公交优先，即为公交专用道上的车辆设计公交优先信号。

本项目根据《道路交通信号控制方式 第6部分：公交车交叉口优先通行控制规则》（GA/T 527.6—2018）的规范内容，设计公交车交叉口信号优先。

任务 10　公交优先信号配时参数设计

任务描述

设计一个十字形交叉口，采用一种合适的检测技术，能够识别公交车的到达，进行公交优先信号配时参数设计。

学习目标

知识目标
1. 理解公交车辆检测技术。
2. 理解"绿灯延长"和"红灯缩短"公交信息响应的方式。

技能目标
能够对公交优先信号进行配时参数设计。

素养目标
牢固树立以人为本、安全发展的理念，将守护人民群众美好出行作为工作的宗旨和目标。

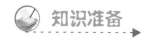 **知识准备**

一、认识公交信号优先控制

公共交通是运用公共汽车、轨道交通和客运轮渡等运载工具和有关设施，按照核定的线路、站点、时间和票价运营，为公众提供基础出行服务的城市客运方式。本书关注的是运营在城市道上的公交车辆。

公共交通优先：在政策、法规和设施等方面对公共交通的优惠。

1. 遵循原则

标准中规定实施公交车交叉口优先通行控制时，需要遵循以下原则：

1）避免通过交叉口的公交车与其他机动车、非机动车和行人产生交通冲突，保障通行安全有序。

2）根据交叉口公交车通行方式、运行计划和交通流量等因素，结合其他机动车、非机动车和行人通行等情况，确定交叉口信号优先控制方案、提高公交车的通行效率。

3）兼顾考虑对交叉口其他机动车、非机动车和行人等的通行控制，最大限度降低对其他机动车、非机动车和行人等通行的影响。

2. 公交信号优先控制方法

（1）公交信号优先控制策略

1）根据信息响应方式，可分为主动优先和被动优先。主动公交优先是基于公交车辆检测信息或系统发出的优先请求为特定的公交车辆提供优先服务；被动公交优先根据预先设置的信号配时方案实施公交优先，即信号机采用静态信号控制方法适应公交车流的到达规律，减小公交车延误。

2）按控制范围划分，包括单点公交信号优先、干线公交信号优先和网络化公交信号优先。

3）按控制优化的目标，包括基于公交车延误的优先方法和基于运行时刻表的优先方法。

基于公交车延误的优先方法：当检测器检测到公交车辆时，只要其优先所需时间小于其他相位所能提供的绿灯时间，且不破坏干线协调的绿波带，则给其优先。

基于运行时刻表的优先方法：当检测器检测到公交车辆时，如果预测其晚点到达下游站点、优先所需时间小于其他相位所能提高的绿灯时间且不破坏干线协调的绿波带，则给其优先。

（2）公交信息响应方式

1）绿灯延长。接收到公交车优先通行请求时，延长公交车通行方向绿灯时间。

2）红灯缩短。接收到公交车优先通行请求时，缩短公交车通行方向红灯时间。

3）插入专用相位。接收到公交车优先通行请求时，在当前的相位放行顺序中插入专用相位。

通常优先选用绿灯延长或红灯缩短的响应方式；在设有未指定流量公交专用进口车道的

交叉口，宜采用插入专用相位的响应方式；当交叉口饱和度较低时，可采用插入专用响应方式。

4）绿灯时间补偿。当本周期无公交车辆到达时，可以对非公交优先相位的绿灯时间给予补偿，以弥补上一周期由于公交优先对非公交优先相位造成的损失。

二、公交信息检测技术

实现公交信号优先控制的关键技术是要解决公交车辆的检测和定位。如果实现实时动态控制，则要获取更全面的交通信息，掌握公交车辆、线路和运行状况，且检测系统检测的信息是否及时、可靠、全面直接影响到实施公交信号优先对整个交叉口或者优先区域的控制效果。

目前，常用的公交车辆检测和定位技术有很多，依据被检测车辆上是否装有被检测设备可分为被动式检测和主动式检测。被动式检测是指公交车辆上无须安装任何装置，只在路口安装检测设备的检测方式，如环形线圈检测方式、波频检测方式和视频检测方式等；主动式检测是指公交车辆上安装有被检测或主动传输设备，同时路口装有检测设备的检测方式，如北斗/GPS定位检测方式、专用短程通信技术（Dedicated Short Range Communications，DSRC）或射频识别技术等。

1. 射频识别技术

射频识别技术（Radio Frequency Identification，RFID）是自动识别技术的一种，即通过无线射频方式进行非接触双向数据通信，对目标进行识别。RFID系统通常由RFID标签、读写器、天线以及中心计算机系统等部分组成。RFID标签设置在公交车辆上车头位置，RFID天线及阅读器设置在靠近路口的交通标志牌或交通违法检测设备的杆具上，检测的精度取决于RFID阅读器的阅读距离和安装方向。RFID电子标签可同时携带车辆的诸多信息，如公交车辆的ID编号、出行线路、优先级别、出行方向、发车时间和起始站点等。

工作原理：实现公交优先要将无线射频识别技术与交通信号控制系统相结合，如图5-1所示，在交叉路口，当公交车辆行驶到RFID读写器读取范围内时，安装在公交车辆风窗玻璃上的电子标签就会被RFID读写器识别，读取到车辆上的标签信息，判断出车辆的行驶方向，信号控制系统根据采集到的信息制订配时方案，提供优先通行信号。

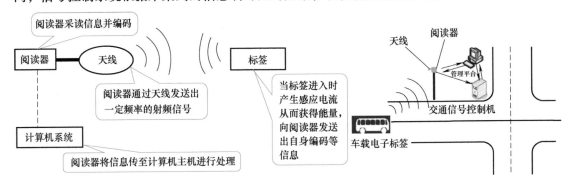

图5-1　RFID检测公交车辆工作原理

2. 车路协同技术

依据互联网技术、现代通信技术和检测技术等，车路协同系统通过车辆、道路和出行者之间的数据共享，实现车辆与交通设施在复杂环境中的智能决策、感知融合、智能协同控制与优化等功能。车路协同系统主要由以下部分构成：车载单元、路侧单元和中心服务器，各部分通过有线或无线通信建立连接。其中，车载单元可以收集各种信息（如运动、定位等），实现对车辆周围环境的感知、车载控制和车辆终端通信等功能；路侧单元可提供路网交通流量、道路状况、出行者分布和事故报警等信息，支持无线公网或光纤有线专网两种方法对接中心管理平台，通过无线通信发送给车辆。中心服务器通过综合分析各类信息，实现对整个系统的信息交互管理、交通组织优化及预警。车路协同系统的基本架构如图5-2所示。

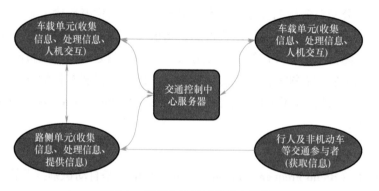

图 5-2 车路协同系统的基本架构

车路协同环境下的公交优先控制系统中，依靠车载终端和路侧设备，可以得到道路中的车辆相关信息和其他道路信息，如公交车辆运行状态信息、到达停车线时刻、其他方向可能的公交请求、公交车内乘客数、信号配时、前方实际相位及剩余时间、天气、路况等信息。

工作原理：如图5-3所示，当公交车行驶到交叉路口区域附近时，车载单元（OBU）与路侧单元（RSU）会实时相互通信，路侧单元可以实时感知公交车的速度、位置和驾驶状态等实时数据，并与交通信号控制设备进行实时联动，实现交叉路口的公交优先通行。

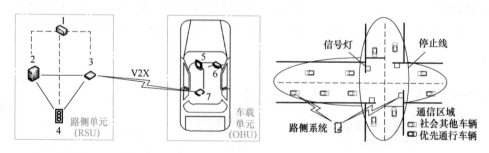

图 5-3 车路协同实现公交车辆优先工作原理示意图

3. 视频车辆检测器技术

视频车辆检测器技术是以车辆检测技术、摄像机和计算机图像处理技术为基础，对车辆施行检测和识别。其基本原理是对高清摄像机拍摄的视频图像进行处理，对车辆中的公交车辆进行识别，通过在视频图像上设定虚拟点、虚拟线以及虚拟线圈等方式对车辆进行检测，虚拟线圈可以是矩形或其他形状的区域，系统检测并识别通过虚拟传感区域的车辆。该方法类似于传统的线圈检测方法，因此也被称为虚拟传感器法。当车辆通过虚拟传感器以及和虚拟传感器成对出现的计数检测器时，系统会产生检测信号，通过视频处理软件的分析和处理，可以判断车型、车速和流量等参数，如图5-4所示。此处的虚拟线圈的形式、尺寸、位置和数量可以根据具体的道路情况调整。

图 5-4　视频车辆检测器检测公交车工作原理示意图

三、公交优先信号配时设计

公交车辆所在的相位为绿灯时，接收到来自检测器的请求信号，则选择增加绿灯时间，增加的绿灯时长等于公交车当前所在位置除以车辆运行的实时速度。因此，绿灯延长的长度与车辆位置和速度有关，实现自适应调整。绿灯自适应延长示意图如图5-5所示。

公交车辆所在的相位为绿灯末到红灯末时间内时，接收到来自检测器的请求信号，则选择缩短红灯时长，红灯缩短的长度也是自适应调整的，根据公交车辆的到达时刻、公交车辆的速度和非公交优先相位的交通需求以及行人过街需求等综合确定。红灯自适应缩短示意图如图5-6所示。

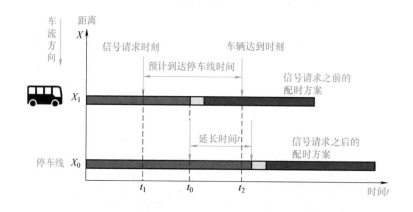

图 5-5　绿灯自适应延长示意图

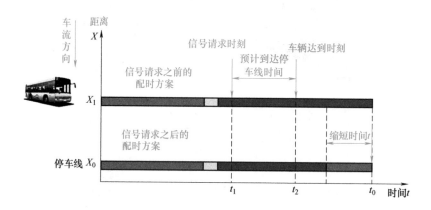

图 5-6　红灯自适应缩短示意图

流动的城市风景线——公共交通

公共交通是一道流动的城市风景线，描绘城市民生福祉形态，推进城市成长时光，中国每个城市的发展，都有公共交通的强劲助力。全国城市公交系统，每天要服务三亿多人次的乘坐，这相当于在每一天里，要让约半个欧洲的人口"挪动"一遍。现在很多城市都在引入以公共交通为导向的城市开发（TOD）模式，为城市建设框定科学的功能布局，造就舒畅的成长空间，提升城市发展品质。发达的现代交通，正在无限扩大发展的尺度，在中国的省域经济中，中心城市群的贡献越来越大，这些城市群大都已经是新的区域增长极，城际铁路逐渐成为这些城市群之间的快速通道，城际轨道交通以"大运量、高密度、公交化"的运行方式重构中国城市群的现代化互动版图。

实施与评价

案例：某交叉口 A 东西方向设有公交专用车道，配时采取公交优先信号控制，在公交专用车道停车线上游 80m 处安装有视频车辆检测器，公交车运行速度为 18km/h，该交叉口高峰小时调查交通流量数据见表 5-1。采用两相位信号控制。交叉口位于东西向干道，该干道拥有双向 6 个机动车道，与该干道相交的南北向道路为双向 4 车道，交叉口机动车道宽度为 3m，设启动损失时间为 2s，黄灯时间为 3s，每周期损失时间为 8s。试用绿灯延长和红灯缩短进行公交优先信号配时方案设计。

表 5-1　交叉口交通流量

进口	流向交通流量/(veh/h)	进口交通流量/(veh/h)	饱和交通流量/(veh/h)	交通流量比率
东	左 50 直 1200 右 50	1300	4015	0.32
西	左 50 直 1300 右 50	1400	4015	0.35
北	左 50 直 900 右 50	1000	2700	0.37
南	左 50 直 500 右 50	600	1950	0.31

1）计算最佳周期：

$$C_0 = \frac{1.5 \times 8 + 5}{1 - (0.35 + 0.37)}s = 60.7s \tag{5-1}$$

2）东西向相位的有效绿灯时长：

$$g_1 = \frac{y}{Y}(C - L) = \frac{0.35}{0.72}(60.7 - 8)s = 25.6s \tag{5-2}$$

3）实际绿灯时间 = 有效绿灯时间 + 启动损失时间 − 黄灯时间 = (25.6 + 2 − 3)s = 24.6s，取 25s。

4）南北向相位的有效绿灯时长：

$$g_2 = \frac{y}{Y}(C - L) = \frac{0.37}{0.72}(60.7 - 8)s = 27.1s \tag{5-3}$$

5）实际绿灯时间 = 有效绿灯时间 + 启动损失时间 − 黄灯时间 = (27.1 + 2 − 3)s = 26.1s，取 26s。

6）相位组成与信号相位配时方案如图 5-7 和图 5-8 所示。

相位1：东西向直行、左转、右转　　相位2：南北向直行、左转、右转

图 5-7　相位组成

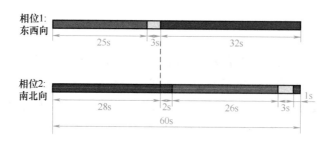

图 5-8　信号相位配时方案

1. 绿灯延长设计

周期取 60s。东西相位 0 时刻起绿灯启亮，在 $t_1 = 21\text{s}$ 时检测器检测到公交车辆到达，发出请求优先信号，此时东西相位处于绿灯期间，采取绿灯延长方案，如图 5-9 所示。

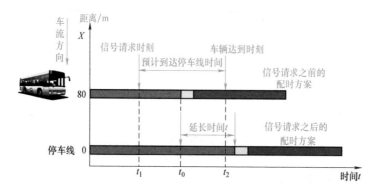

图 5-9　东西相位绿灯延长示意图

公交车辆预计到达停车线的运行时间为 $\dfrac{80\text{m}}{18\text{km/h}} = 16\text{s}$。

因此到达停车线的时刻为 $21\text{s} + 16\text{s} = 37\text{s}$。

公交车刚好到达停车线需要增加的时间为 $37\text{s} - 25\text{s} = 12\text{s}$。

考虑车辆速度会有所调整等情况，延长绿灯时长为 $12\text{s} + 2\text{s} = 14\text{s}$。

此时东西相位绿灯时长为 $25\text{s} + 14\text{s} = 39\text{s}$，红灯时长为 32s。南北相位绿灯时长为 26s，红灯时长为 45s。绿灯延长设计两相位的信号配时方案如图 5-10 所示，之后配时参数按照原来的方案执行。

2. 红灯缩短设计

东西相位 0 时刻起绿灯启亮，在 $t_1 = 31\text{s}$ 时检测器检测到公交车辆到达，发出请求优先信号，此时东西相位处于红灯期间，采取红灯缩短方案，如图 5-11 所示。

公交车辆预计到达停车线的运行时间为

$$\frac{80\text{m}}{18\text{km/h}} = 16\text{s}$$

因此到达停车线的时刻为 $31\text{s} + 16\text{s} = 47\text{s}$。

此时南北相位处于绿灯期间，绿灯已经运行了 17s。

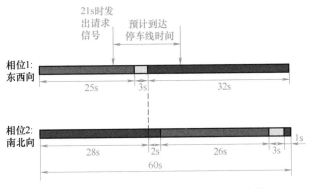

a) 未收到公交优先信号请求时相位配时参数

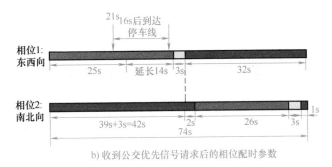

b) 收到公交优先信号请求后的相位配时参数

图 5-10 绿灯延长设计两相位的信号配时方案

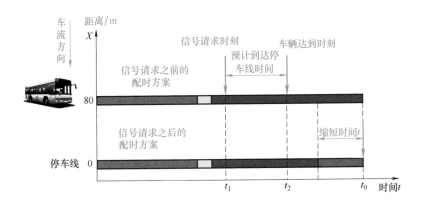

图 5-11 东西相位红灯缩短示意图

考虑东西向道路有双向 6 车道，每车道 3m，则人行横道长 18m，行人步速为 1m/s，需要 18s 过街时长，因此南北向绿灯运行时间至少为 18s，则红灯缩短时长为

$$60s - 47s - 3s - 1s - (18s - 17s) = 8s$$

上式中的 1s 为全红时间，此时东西相位红灯时长为 24s，绿灯时长为 25s。南北相位绿灯时长为 18s，红灯时长为 31s。红灯缩短设计两相位的信号配时方案如图 5-12 所示，之后配时参数按照原来的方案执行。

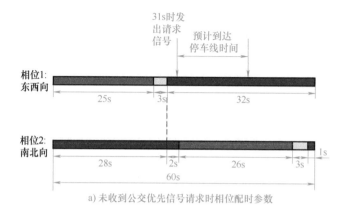

a) 未收到公交优先信号请求时相位配时参数

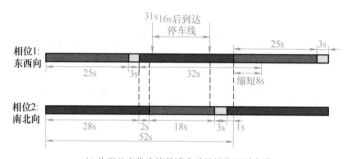

b) 收到公交优先信号请求后的相位配时参数

图 5-12 两相位的信号配时方案

请按照"任务工单 10 公交优先信号配时参数设计"要求完成本任务。

参 考 文 献

［1］向怀坤. 道路交通控制技术［M］. 2 版. 北京：人民交通出版社股份有限公司，2021.

［2］林晓辉，曹成涛. 道路交通控制技术应用［M］. 北京：人民交通出版社股份有限公司，2014.

道路交通控制技术
任务工单

班　级：＿＿＿＿＿＿＿＿

姓　名：＿＿＿＿＿＿＿＿

学　号：＿＿＿＿＿＿＿＿

机 械 工 业 出 版 社

目　　录

任务工单1 单个交叉口信号控制设计

学　　院		专　　业		姓　　名	
学　　号		小　　组		组长姓名	
指导教师		日　　期		成　　绩	

任务目标

1. 能够独立设计单个交叉口信号配时流程步骤。
2. 能够利用韦伯斯特提出的最佳信号周期计算公式对具体交叉口进行信号配时参数设计。
3. 能够应用感应配时方法对交叉口进行感应配时设计。

接受工作任务

在学校周边选择一个十字形交叉口，作为本次交通信号配时参数设计的案例，进行最佳周期和感应信号配时参数设计实践。

信息收集	成绩：

1）交叉口位置信息。该交叉口由（主干路/次干路/支路）_____路和（主干路/次干路/支路）_____路相交而成。

2）交叉口交通基础设施信息。

北进口：_____条直行车道、_____条右转车道、_____条直右车道、_____条左转车道、_____条直左车道、_____条直左右车道；

南进口：_____条直行车道、_____条右转车道、_____条直右车道、_____条左转车道、_____条直左车道、_____条直左右车道；

西进口：_____条直行车道、_____条右转车道、_____条直右车道、_____条左转车道、_____条直左车道、_____条直左右车道；

东进口：_____条直行车道、_____条右转车道、_____条直右车道、_____条左转车道、_____条直左车道、_____条直左右车道。

制订计划	成绩：

1）根据实际交通流向和交通流量情况，制订交通流量调查作业计划。

操作流程		
序号	作业项目	操作要点
1	确定观测间隔时间	选择5min（10min、15min）作为一个观测时间段，记录车辆数，一个小时包含12（6、4）个观测时间段
2	确定车种类型	小客车、公共汽车、货车和摩托车等
3	确定车道宽度	交叉口进口处的车道宽度与路段的车道宽度不同（因为车道数发生了变化）
4	确定车流流向	直行车流、左转车流、右转车流、直右车流和直左车流，即教材中表1-4中的转向
5	依据教材中表1-4制作调查表格	按照具体道路实际交通特点来确定车种类型，有的路段货车较多，有的没有货车，按照需求设置表格内容

2）根据交通流量调查作业计划，制订配时参数设计计划。

操作流程		
序号	作业项目	操作要点
1	相位设计	根据各流向车流量的大小确定相位方案，见教材中表1-5
2	配时参数计算	确定固定信号配时设计或感应配时参数设计
3	画出相位图	根据计算出的各相位绿灯时间画出周期相位图，参考教材中图1-8
计划审核	审核意见： 年　月　日　签字：	

3）根据交通流量调查作业计划和配时参数设计计划完成小组分工。

调查人1		记录员1	
调查人2		记录员2	

4）作业注意事项。

① 保证调查人员交通安全。

② 调查位置不影响车流运行。

③ 调查数据真实，实事求是。

④ 调查工具准备（记录本、笔、安全衣等）。

计划实施	成绩：

1）完成交通流量调查作业内容，并记录信息。依据教材中表1-4制作表格，并将调查的数据转换成标准小客车交通流量，画出交叉口的渠化图。

① 交叉口基本数据（参照教材中表1-4）。

进口	转向	交通流量（辆/h）				进口道宽度（m）
		小客车	重型货车	公共汽车	摩托车	

② 将调查的各转向车流的交通流量转换为标准小客车交通流量（参照教材中公式（1-8）和表1-2）。

③ 画出交叉口渠化图。

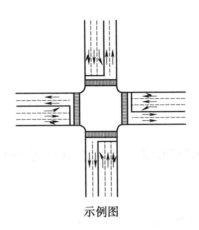

示例图

2）定时信号配时参数计算。

操作步骤	是否完成	注意事项
相位设计	是□ 否□	确定是否有专用左转车道
最佳周期计算	是□ 否□	确定关键车流
有效绿灯时间计算	是□ 否□	确定所有相位的损失时间
相位绿灯时长计算	是□ 否□	确定周期是否需要微调
画出相位图	是□ 否□	确定绿灯间隔时间

① 相位设计（参照教材中表1-5）。

进口	车流	相位设计	相位

② 最佳周期计算。

提示：$C_0 = \dfrac{1.5L+5}{1-Y}$，$Y = \sum y_i$，$y_i = \dfrac{q_i}{s_i}$。$y_i$ 是每个相位中，关键车流的流量与饱和流率的比值；关键车流是指每个相位中流量比率最大的那股车流；i 等于相位数。

③ 有效绿灯时间计算。

提示：$g_i = \dfrac{y_i}{Y}(C_0 - L)$。

④ 相位绿灯时长计算。

提示：$G_i = g_i - t_Y + l$。t_Y 为黄灯时间，l 为绿灯内的起动损失时间。

⑤ 画出相位图（参照教材中图 1-8）。

3）感应信号配时参数计算。

操作步骤	是否完成	注意事项
检测器位置确定	是□ 否□	半（全）感应控制方式 注意上游交叉口的距离
进口道车速确定	是□ 否□	车流平均速度
相位设计	是□ 否□	确定是否有专用左转车道
最小绿灯时间计算	是□ 否□	考虑行人过街时间
单位延长绿灯时间计算	是□ 否□	利用教材中公式（1-6）计算
最大绿灯时间计算	是□ 否□	利用固定配时最佳周期计算
画出半（全）感应配时流程图	是□ 否□	参照教材中图 1-3、图 1-4、图 1-5

① 检测器位置确定。

根据该交叉口的到达交通流量情况，考虑上游交叉口的距离，利用异相的黄灯时间×车辆接近路口的车速来确定检测器的位置。

② 进口道车流速度确定。

将调查进口道车辆的速度取平均值。

③ 相位设计（参照教材中表1-5）。

进口	车流	相位设计	相位

④ 最小绿灯时间计算（参照教材中公式（1-5））。

⑤ 单位延长绿灯时间计算（参照教材中公式（1-6））。

⑥ 最大绿灯时间计算。

取2）中计算的最佳周期得到的各相位绿灯时长，作为感应信号配时的各相位的最大绿灯时间。

⑦ 画出半（全）感应配时流程图（参照教材中图1-3、图1-4、图1-5）。

质量检查	成绩：
请指导教师检查本组作业结果，并针对问题提出改进措施及建议。	

综合评价	
建议	

评价反馈	成绩：

根据自己在课堂中的实际表现进行自我反思和自我评价。

自我反思：_____

自我评价：_____

任务评价表

评价项目	评价标准	配分	得分
理论知识学习	理解单个交叉口信号配时参数计算方法	20	
信息收集	完成交叉口基本信息收集	10	
制订计划	调查计划制订合理	10	
计划实施	交通调查表格填写规范	10	
	能够利用公式进行参数计算	20	
	能够准确绘制相位图	20	
质量检查	任务完成，计算结果合理	5	
评价反馈	能对自身客观评价和发现问题	5	
总得分			
教师评语			

复习思考题

当 $Y > 1$ 时，该方法是否能够计算出信号周期长度？

任务工单2 干线交叉口交通信号协调控制设计

学 院		专 业		姓 名	
学 号		小 组		组长姓名	
指导教师		日 期		成 绩	

任务目标

1. 能够计算协调交叉口的公共周期。
2. 能够利用图解法确定相位差进行绿波设计。
3. 能够利用数解法确定相位差进行绿波设计。

接受工作任务

在学校周边选择一条道路的几个连续的十字形交叉口，作为本次交通信号协调控制设计的案例，进行配时参数设计实践。

信息收集	成绩：

1）应该选择哪条道路作为调查研究对象？确定道路的位置信息，该条道路由____个交叉口组成。

2）准备调查时需要的工具（如笔、本、计时器等）。

3）选择调查时间和地点。

4）准备调查时穿的安全服装。

制订计划	成绩：

1）根据要求确定调查道路的位置和交通信息。

操作流程		
序号	作业项目	操作要点
1	道路位置确定	通常选择主干路作为研究对象
2	调查每个交叉口的周期时长	注意小周期交叉口
3	记录每个交叉口的绿灯时长	注意黄灯时间和全红时间
4	确定所选道路的车流速度	注意不是单个车辆的速度

2）分别利用图解法和数解法设计相位差。

操作流程		
序号	作业项目	操作要点
1	图解法设计相位差	首先以协调相位绿信比为50%确定第1个交叉口的绿灯时段
2	数解法设计相位差	对理想信号位置的相对挪移量最小的概念理解透彻

计划审核	审核意见： 年 月 日 签字：

3）根据交通调查作业计划和相位差设计计划完成小组分工。

调查人1		记录员1	
调查人2		记录员2	

4）作业注意事项。

① 保证调查人员交通安全。

② 调查位置不影响车流运行。

③ 调查数据真实，实事求是。

④ 图解法中车速即带速是可以调整的，且要符合实际。

⑤ 在数解法中确定采用同步式协调和交互式协调中的哪种协调方式。

计划实施	成绩：

1. 确定道路的位置和交通信息。

操作步骤	是否完成	注意事项
道路位置确定	是□ 否□	通常选择主干道为研究对象
道路交通信息确定	是□ 否□	注意小周期交叉口
车流速度确定	是□ 否□	确定协调相位的车流速度

1）道路名称为_____，包含____个交叉口，交叉口之间的间距依次为____m 和____m。

2）交通信息。

交叉口	周期时长	协调相位的绿信比
1		
2		
3		

3）协调相位的车流速度为 $v = $ _____ km/h。

2. 图解法设计相位差

操作步骤	是否完成	注意事项
确定公共周期时长	是□ 否□	注意小周期交叉口周期调整
绘制时空坐标轴	是□ 否□	注意纵坐标的确定
确定交叉口采用的协调方式	是□ 否□	首先以绿信比为50%设计
确定相位差	是□ 否□	根据实际绿信比调整
确定绿波带宽度和速度	是□ 否□	绿波带速度可能会发生变化

1）根据调查数据，确定系统公共周期为 $C_0 = $ _____ s。

2）绘制时空图坐标轴。横轴表示距离，纵轴表示时间。

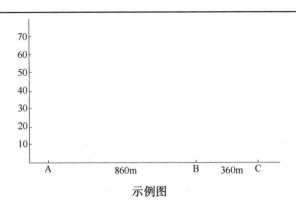

示例图

3）确定各路口是采用交互式协调还是同步式协调。

① 首先以协调相位绿信比为50%，在纵轴上画出路口1各周期的绿灯时段。

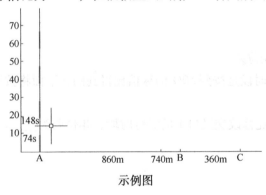

示例图

② 然后从原点（交叉口1）画出平均速度斜线与交叉口2的纵轴相交于点1，该斜线斜率的倒数，即速度为 $v=$ ____ km/h = ____ m/s。画一条虚线经过点 $(0, C_0/2)$ 且与横轴平行，与经过交叉口2的垂直直线相交于点 B_1，画一条虚线经过点 $(0, C_0)$ 且与横轴平行，与经过交叉口2的垂直直线相交于点 B_2，观察交点1与两条虚线的距离，确定交叉口2与交叉口1采用交互式协调还是同步式协调，绘制出交叉口2各周期的绿灯时段；同理确定交叉口3与交叉口2采用交互式协调还是同步式协调，绘制出叉口3各周期的绿灯时段。

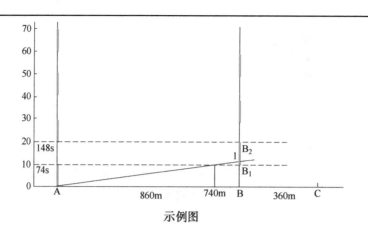

示例图

4）按照绿信比确定相位差。

以上各交叉口的绿灯时段是按照 50% 的绿信比得到的，下面将按照实际的绿信比调整绿灯时段。

根据配时方案的绿信比修改交叉口 1 的绿灯时段，相位差为____。

根据配时方案的绿信比修改交叉口 2 的绿灯时段，相位差为____。

根据配时方案的绿信比修改交叉口 3 的绿灯时段，相位差为____。

5）绿波带宽度和速度分别为____和____。

3. 数解法设计相位差

操作步骤	是否完成	注意事项
确定公共周期时长	是□ 否□	考虑小周期交叉口
计算 a 列	是□ 否□	取距离的简化值
计算 a 列各行	是□ 否□	通常不采取交叉口后移的方案
计算 b 列	是□ 否□	理解最大挪移距离的概念
确定理想信号位置	是□ 否□	理想信号位置可能出现多个值
确定绿波带宽度和绿波带速度	是□ 否□	绿波带速度可能会发生变化

1) 根据调查数据,确定系统公共周期 C_0 为____s。

2) 参照教材中表1-10 中的 a 列。先计算 $vC_0/2 = $ × /2 = m(简化后取____),以 ±10 作为最适当的 $vC_0/2$ 的变动范围,即 ~ ,将此范围填入表1左边的 a 列。

3) 计算 a 列各行。

表1 数解法确定信号相位差

	1	2	3
a	间距		
			最大挪移间距 b

4）计算 b 列。

将实际信号位置与理想信号位置的挪移量按顺序排列（从小到大），计算各相邻挪移量之差，将此差值最大者计入 b 列，填入表2。

表2　计算方法表

1			1
0			

以此类推，计算 $a =$ 　～　各行的 b 值。

5）确定最合适的理想信号位置。由表1可知，当 $a =$ 　，$b =$ 　时，1～3各信号到理想信号位置的相对挪移量最小，即当 $vC_0/2 =$ 　m时可以得到最好的系统协调效率。画出理想信号位置图。

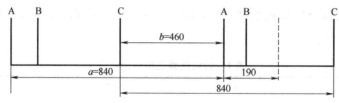

理想信号位置示例图

图上 　～ 　与理想信号位置之间的挪移量之差最大，则理想信号位置与3间的挪移量为 $(a-b)/2 = （　-　）/2 =$ 　，即各实际信号位置距理想信号位置的最大挪移量为　m。

确定理想信号位置与实际信号点的相对位置并作图。

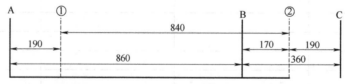

理想信号位置与实际信号点的相对位置示例图

12

6）作连续行驶绿波带。在理想信号位置与实际信号点的相对位置图中将理想信号位置编号，按次列在最靠近的实际信号位置下面（表3第2行），再将各信号（1～3）在理想信号位置的左右位置填入表3第3行。将各交叉口信号配时计算所得的主干道绿信比（以周期的百分数计）列入表3第4行。因实际信号位置与理想信号位置不一致所造成的绿灯损失（%）以其位置挪移量除以理想信号位置间距（即 $a =$ ）表示，交叉口1的绿灯损失为 / = %，交叉口2的绿灯损失为 / = %，交叉口3的绿灯损失为 / = %，列入表3第5行。

各交叉口的计算绿信比减去损失即为各交叉口的有效绿信比，列入表3第6行，则连续绿波带宽度为左、右两端有效绿信比最小值的平均值。从表3中可知，连续绿波带宽度为交叉口____的有效绿信比____%与交叉口____的有效绿信比____%的平均值，即 $w =$ （   % +   % ）×100/2 =   s。

表3　数解法确定信号相位差

交叉路口	1	2	3
理想信号位置编号			
各信号位置			
绿信比 λ（%）			
绿灯损失（%）			
有效绿信比（%）			
相位差（%）			

7）求相位差。从理想信号位置与实际信号点的相对位置图及表3可见，交叉口2和1采用_____（交互式协调/同步式协调），交叉口3和2采用_____（交互式协调/同步式协调）。相应于奇数理想信号位置的实际交叉口的相位差为 $100\% \sim 0.5\lambda\%$，相应于偶数理想信号位置的实际交叉口的相位差为 $50\% \sim 0.5\lambda\%$，将求得的相位差填入表3第7行。如果保持原定周期时长，则系统带速需调整为

$$v = 2s/C_0 = 2 \times \quad / \quad = \quad \text{m/s} = \quad \text{km/h}$$

质量检查	成绩：
请指导教师检查本组作业结果，并针对问题提出改进措施及建议。	

综合评价	
建议	

评价反馈	成绩：
根据自己在课堂中的实际表现进行自我反思和自我评价。 自我反思：_____ 自我评价：_____	

任务评价表

评价项目	评价标准	配分	得分
理论知识学习	掌握公共周期计算方法；理解图解法和数解法设计相位差	20	
信息收集	完成干线交叉口基本信息收集	10	
制订计划	调查计划制订合理	10	
计划实施	交通调查信息准确	10	
	能够利用图解法设计相位差	20	
	能够利用数解法设计相位差	20	
质量检查	任务完成，计算结果合理	5	
评价反馈	能对自身客观评价和发现问题	5	
总得分			
教师评语			

复习思考题

如果实现面控，即区域控制，需要考虑哪些问题？

任务工单 3 城市道路交叉口渠化设计

学　　院		专　　业		姓　　名	
学　　号		小　　组		组长姓名	
指导教师		日　　期		成　　绩	

任务目标
1. 能够独立思考并查询城市道路交叉口相关规范。
2. 能够独立地进行交叉口渠化设计方案的分析。

接受工作任务

在市区寻找一个交通状况复杂的交叉口，作为本次交通渠化分析的案例，进行交通流量、交通渠化和交通配时方案等的现状调查，分析该交叉口的渠化设计方案，并试分析该路口存在的交通问题。

信息收集	成绩：

1) 交叉口位置信息。该交叉口由（主干路/次干路/支路）_____路和（主干路/次干路/支路）_____路相交而成。

2) 交叉口周边区域的状况。

如周边是否是商业区、居民区或具有明显的其他交通特点等。

3) 各交叉口流量调查。

调查交叉口进口道流向和流量。

4) 交通渠化调查。

5) 调查工具准备（记录本、笔、安全衣等）。

制订计划	成绩：

1) 根据实际交叉口具体交通情况，制订交通调查作业计划。

操作流程		
序号	作业项目	操作要点
1	交叉口基础信息调查	进口车道数量、渐变段上游车道数量、出口道数量和车道宽度等信息
2	交叉口周边区域用地规划调查	商业区/居住区/大学城/工业园区等，具体交通特色分析
3	交叉口流量调查	小汽车、公交车、货车和摩托车等（若无某种车型可省略，若行人交通流量较大，可加入行人流量调查）
4	交叉口交通渠化设计调查	交叉口采取了哪些渠化设计方法

2）根据交通调查作业计划，制订渠化设计分析思路。

操作流程		
序号	作业项目	操作要点
1	画出渠化图	用 AUTOCAD 软件画出现状渠化方案
2	分析渠化方案中采用了哪些设计	分析采用该种渠化设计方案的原因
3	分析现状问题和制订解决方案	该交叉口存在哪些设计缺陷，可以采用哪些改进对策和设计方案
计划审核	审核意见： 年 月 日 签字：	

3）根据交通量调查作业计划和配时参数设计计划完成小组分工。

调查人 1		记录员 1	
调查人 2		记录员 2	

4）作业注意事项。

① 保证调查人员交通安全。

② 调查位置不影响车流运行。

③ 调查数据真实，实事求是。

④ 关注特殊交通状况。

计划实施	成绩：

1. 交通调查

操作步骤	是否完成	注意事项
交叉口基础信息调查	是□ 否□	了解渐变段交通情况
交叉口周边区域用地规划调查	是□ 否□	理解用地性质和交通的关系
交叉口流量调查	是□ 否□	观察车型的组成
交叉口交通渠化设计调查	是□ 否□	关注渠化设计解决的问题

1）调查交叉口基础信息。进口车道数量、渐变段上游车道数量、出口道数量和车道宽度等信息。

进口	渐变段上游车道条数	左转车道条数	直行车道条数	右转车道条数	进口车道宽度/m	出口车道条数
东						
西						
南						
北						

16

其他补充信息：

2）调查交叉口周边区域用地规划。该路口周边是否是商业区/居住区/大学城/工业园区等，分析具体交通特色。

3）调查交叉口流量。

进口	转向	交通流量（veh/h）				饱和流量
		小客车	重型货车	公共汽车	摩托车	

4）调查交叉口渠化设计。调查交叉口进行了哪些渠化设计，如进口道拓宽、机非分离设置、导流线设计、渠化岛设计、借道左转设计和左转待行区设置等。

2. 该交叉口渠化设计分析

操作步骤	是否完成	注意事项
画出渠化图	是□ 否□	用 AutoCAD 软件画图
分析渠化方案中采用了哪些设计	是□ 否□	关注渠化设计解决的交通问题
分析现状问题和制订解决方案	是□ 否□	目前的渠化和配时方案是否有待改进

1）绘制交叉口渠化图。根据调查数据绘制交叉口渠化图。

2）分析交叉口渠化设计方案。分析采取的每个渠化设计解决的交通问题。

3）分析该交叉口现状存在问题。根据交通数据调查和交通现状渠化分析，试分析该交叉口目前存在哪些交通问题尚待解决，并给出方案。

质量检查	成绩：

请指导教师检查本组作业结果，并针对问题提出改进措施及建议。

综合评价	
建议	

评价反馈	成绩：

根据自己在课堂中的实际表现进行自我反思和自我评价。

自我反思：_____

自我评价：_____

18

任务评价表

评价项目	评价标准	配分	得分
理论知识学习	理解交叉口的渠化设计方案	20	
信息收集	完成交叉口基本信息收集	10	
制订计划	调查计划制订合理	10	
计划实施	交通调查数据准确、翔实	10	
	交叉口渠化方案设计分析正确	20	
	能够分析该交叉口存在的交通问题	20	
质量检查	任务完成，渠化设计方案分析合理	5	
评价反馈	能对自身客观评价和发现问题	5	
总得分			
教师评语			

复习思考题

思考影响交叉口渠化设计的因素有哪些?

任务工单 4 道路交通标志认知

学　院		专　业		姓　名	
学　号		小　组		组长姓名	
指导教师		日　期		成　绩	

任务目标

1. 能够独立分析交叉口设置的交通标志种类。
2. 能够查询交通标志相关规范。

接受工作任务

在学校周边选择一个道路网区域（包含交叉口和路段），作为本次交通标志分析的案例，进行交通标志识别实践。

信息收集	成绩：

1）交通调查区域的位置信息。
2）调查区域周边交通分析。

制订计划	成绩：

1）根据实际道路情况，制订交通标志调查作业计划。

操作流程		
序号	作业项目	操作要点
1	确定调查范围	选择交通标志设置规范、复杂的具有代表性的区域
2	确定交通标志位置	路段、进口处和出口处等位置
3	确定交通标志名称	熟悉交通标志名称和用途

2）根据交通标志调查作业计划，制订分析计划

操作流程		
序号	作业项目	操作要点
1	制订交通标志类型表格	根据教材和规范中标志类型制订与现状对应的表格
2	将调查的标志进行分类	对照教材和规范，将现状交通标志进行分类
3	描述交通标志设置位置	进、出口道，路段上、下游等位置

计划审核	审核意见： 年　月　日　签字：

3）根据交通调查作业计划和分析计划完成小组分工。

调查人1		记录员1	
调查人2		记录员2	

4）作业注意事项。

① 保证调查人员交通安全。

② 调查位置不影响车流运行。

③ 调查数据真实，实事求是。

计划实施	成绩：

1. 交通调查

操作步骤	是否完成	注意事项
确定调查范围	是□ 否□	选择交通标志设置丰富的区域
确定交通标志位置	是□ 否□	注意交通标志设置地点
确定交通标志名称	是□ 否□	理解各种类型交通标志的作用

1）交通调查的区域。

2）交通标志名称和设置位置（建议用 AutoCAD 软件绘制观测区域图形，并标注出位置和图例）。

2. 交通标志类型

操作步骤	是否完成	注意事项
制订交通标志类型表格	是□ 否□	根据实际交通调查情况制订
将调查的标志进行分类	是□ 否□	依据规范确定
描述交通标志设置位置	是□ 否□	理解设置在该位置的原因

首先依据调查情况，制订表格（参考教材中本项目任务4的表2-26），然后将交通标志的类型、名称和位置填入该表格中。

质量检查		成绩：	

请指导教师检查本组作业结果，并针对问题提出改进措施及建议。

综合评价	
建议	

评价反馈	成绩：

根据自己在课堂中的实际表现进行自我反思和自我评价。

自我反思：＿＿＿＿＿＿＿＿＿＿＿＿＿＿＿＿＿＿＿＿＿＿＿＿＿

自我评价：＿＿＿＿＿＿＿＿＿＿＿＿＿＿＿＿＿＿＿＿＿＿＿＿＿

任务评价表

评价项目	评价标准	配分	得分
理论知识学习	交通标志类型掌握程度	20	
信息收集	调查区域交通标志信息收集齐全	10	
制订计划	调查计划制订合理	10	
计划实施	交通调查完成情况较好	10	
	交通标志类型分析准确	20	
	交通标志位置分析准确	20	
质量检查	任务完成，计算结果合理	5	
评价反馈	能对自身客观评价和发现问题	5	
总得分			
教师评语			

复习思考题

当道路由于临时交通组织或维护等原因标志与标线信息含义不一致时，以哪个为准？

任务工单 5 道路交通标线认知

学　院		专　业		姓　名	
学　号		小　组		组长姓名	
指导教师		日　期		成　绩	

任务目标

1. 能够独立分辨交叉口设置的交通标线种类。
2. 能够查询交通标线相关规范。

接受工作任务

选择一个道路网区域，作为本次交通标线分析的实训对象，进行交通标线认知。

信息收集	成绩：

1) 确定交通调查区域的位置信息。
2) 调查该区域的标线类型和设置位置等信息。

制订计划	成绩：

1) 根据实际道路情况，制订交通标线调查作业计划。

操作流程		
序号	作业项目	操作要点
1	确定调查范围	选择交通标线设置规范且具有代表性的区域
2	确定交通标线位置	根据标线作用确定位置
3	确定交通标线名称	熟悉交通标线名称和用途

2) 根据交通标线调查作业计划，制订交通标线认知计划。

操作流程		
序号	作业项目	操作要点
1	制订交通标线类型表格	根据教材和规范中标线类型制订与现状对应的表格
2	将调查的标线进行分类	对照教材和规范，将现状交通标线进行分类
3	描述交通标线设置位置	根据功能来识别标线的位置

计划审核	审核意见： 年　月　日　签字：

3）根据交通流量调查作业计划和配时参数设计计划完成小组分工。

调查人 1		记录员 1	
调查人 2		记录员 2	

4）作业注意事项。

① 保证调查人员交通安全。

② 调查位置不影响车流运行。

③ 调查数据真实，实事求是。

计划实施	成绩：

1. 交通调查

操作步骤	是否完成	注意事项
确定调查范围	是□ 否□	选择交通标线设置丰富的区域
确定交通标线名称	是□ 否□	根据作用理解交通标线的名称
确定交通标线位置	是□ 否□	注意交通标线的颜色

1）交通调查的区域。

2）交通标线名称和设置位置（建议用 AutoCAD 软件绘制观测区域图形，并标注出位置和图例）。

2. 交通标线类型

操作步骤	是否完成	注意事项
制订交通标线类型表格	是□ 否□	根据实际交通调查情况制订
将调查的标线进行分类	是□ 否□	依据规范确定
描述交通标线设置位置	是□ 否□	根据标线的作用确定位置

首先依据调查情况，制订表格（参考教材中本项目任务 5 的表 2-29），然后将交通标线的类型、名称和位置填入该表格中。

质量检查	成绩：

请指导教师检查本组作业结果，并针对问题提出改进措施及建议。

综合评价	
建议	

评价反馈	成绩：

根据自己在课堂中的实际表现进行自我反思和自我评价。

自我反思：_____

自我评价：_____

任务评价表

评价项目	评价标准	配分	得分
理论知识学习	交通标线类型掌握程度	20	
信息收集	调查区域交通标线信息收集齐全	10	
制订计划	调查计划制订合理	10	
计划实施	交通调查完成情况较好	10	
	交通标线类型识别准确	20	
	交通标线位置设置理解准确	20	
质量检查	任务完成，标线认知准确	5	
评价反馈	能对自身客观评价和发现问题	5	
总得分			
教师评语			

复习思考题

哪些标线形状相同而颜色不同时表示的含义不同？

任务工单6 道路交通信号控制机硬件结构认知

学 院		专 业		姓 名	
学 号		小 组		组长姓名	
指导教师		日 期		成 绩	

任务目标

1. 能够独立进行信号机的接线操作。

2. 能够独立查询信号机相关规范。

3. 了解信号机的结构。

接受工作任务

针对教学实训的信号机设备，进行小组安装、接线和开机检测等操作实践。

信息收集	成绩：

1）确认信号机类型。

2）信号机安装位置确定。

制订计划	成绩：

1）针对具体信号机，了解其结构组成。

操作流程		
序号	作业项目	操作要点
1	信号机配置认知	信号机的机柜、主机、附件、选配件等
2	信号机各部件认知	控制箱、配电单元、接线端子和机柜等

2）信号机接线操作。

操作流程		
序号	作业项目	操作要点
1	信号机接线排接线	与软件中配时方案对应
2	信号机转接板接线	认识通信线、检测器线
3	连接市电输入线、接地线	安全、牢固

计划审核	审核意见： 年 月 日 签字：

3）根据信号机结构和接线计划完成小组分工。

接线员1		接线员3	
接线员2		接线员4	

4）作业注意事项。

① 保证用电安全。

② 接线端子紧固部位安全、可靠。

③ 接地线缆应连接可靠，若有条件，应对接地电阻进行测试。

计划实施	成绩：

1. 针对具体信号机，了解其结构组成

操作步骤	是否完成	注意事项
信号机配置认知	是□ 否□	了解一台信号机能够控制几个交叉口
信号机各部件认知	是□ 否□	配合信号灯和配时方案认识部件

1）信号机配置认知。包括主机、机柜、选配件等。

2）信号机各部件认知。根据具体型号信号机，认识主控板、灯驱板、通信板、配件单元（空气开关、插座、漏电保护、避雷模块等）、接线板等。

2. 信号机接线操作

操作步骤	是否完成	注意事项
信号机接线排接线	是□ 否□	牢固、安全可靠
信号机转接板接线	是□ 否□	准确、安全可靠
连接市电输入线、接地线	是□ 否□	零线、相线、地线连接安全、可靠

1）信号机接线排接线。将任务工单1中单个交叉口信号配时方案作为本次实训内容，进行接线排接线。

2）信号机转接板接线后观察。

3）连接市电输入线、接地线。接线完成后，观察信号机、信号灯运行的信号配时方案是否正确？

质量检查	成绩：

请指导教师检查本组作业结果，并针对问题提出改进措施及建议。

综合评价	
建议	

评价反馈	成绩：

根据自己在课堂中的实际表现进行自我反思和自我评价。

自我反思：_____

自我评价：_____

任务评价表

评价项目	评价标准	配分	得分
理论知识学习	理解信号机的硬件组成模块；掌握信号机的接线调试方法	20	
信息收集	确认信号机的类型	10	
制订计划	信号机接线计划合理	10	
计划实施	信号机结构掌握程度	10	
	能够正确进行信号机接线排接线	20	
	能够正确进行信号机转接板接线	20	
质量检查	任务完成，正确完成接线工作	5	
评价反馈	能对自身客观评价和发现问题	5	
总得分			
教师评语			

复习思考题

请思考该信号机需要改进的地方有哪些？

任务工单 7　交通信号控制平台认知

学　　院		专　　业		姓　　名	
学　　号		小　　组		组长姓名	
指导教师		日　　期		成　　绩	

任务目标

1. 熟悉配置信号控制机和交通信号控制平台参数设置的流程步骤。

2. 能够针对具体交叉口进行交通信号控制平台的参数设置。

3. 能够独立进行基本相位的参数设置、特殊相位参数设置、警卫路线设置和线控优化设置。

接受工作任务

1. 将任务工单 1 中设计的单个交叉口固定配时方案，作为本次交通信号控制平台参数设置的案例，进行参数设置实训。

2. 将任务工单 2 中设计的线控协调配时方案，作为本次交通信号控制平台参数设置的案例，进行参数设置实训。

3. 选择任务工单 1 或者任务工单 2 中任意一个路口进行警卫路线设置。

信息收集	成绩：

1）确定交叉口信息。

2）了解配合信号机硬件进行接线操作的步骤。

制订计划	成绩：

1）交叉口信息。

操作流程		
序号	作业项目	操作要点
1	确定单个交叉口信息	确定配时方案和交叉口基础信息
2	确定线控协调交叉口信息	确定协调交叉口配时方案和各交叉口基础信息

2）根据配时方案进行软件参数设置。

操作流程		
序号	作业项目	操作要点
1	单个交叉口参数配置	根据各流向车流量的大小确定相位方案
2	线控协调交叉口参数设置	确定固定信号配时设计或感应配时参数设计
3	特殊控制设置	警卫路线设置

计划审核	审核意见： 　　　　　　　　　　　　　　　　　　　　　　　　　年　月　日　签字：

3）根据交通流量调查作业计划和配时参数设计计划完成小组分工。

成员 1		成员 3	
成员 2		成员 4	

4）作业注意事项。

① 保证接线安全。

② 依据配时方案进行平台参数设置。

③ 理解信号机硬件部分和软件的对应。

计划实施	成绩：

1. 交叉口信息

操作步骤	是否完成	注意事项
确定单个交叉口信息	是□ 否□	绿灯时长、黄灯时长和全红时间设置
确定线控协调交叉口信息	是□ 否□	相位差设置

1）确定单个交叉口信息。

① 确定交叉口渠化信息（各进口道各流向车道条数）。

② 绘制相位图。

③ 制订配时方案（表1）。

表 1　配时方案（周期_____s）

放行相位	绿灯时长/s	黄灯时长/s	全红时长/s
南北左转			
南北直行			
东西左转			
东西直行			

2) 确定线控协调交叉口信息。

① 确定交叉口渠化信息（各进口道各流向车道条数、交叉口间距、车速）。

② 绘制相位图。

③ 制订配时方案（表2）。

表2 配时参数

相序	放行相位	绿灯时长/s	黄灯时长/s
1	南北直行		
2	南北左转		
3	东西直行		
4	东西左转		

2. 根据配时方案进行软件参数设置

操作步骤	是否完成	注意事项
单个交叉口参数配置	是□ 否□	理解相位与信号机的相位号
线控协调交叉口参数设置	是□ 否□	掌握交叉口距离和车速
特殊控制设置	是□ 否□	掌握警卫路线设置方法

1) 单个交叉口参数配置。

① 信号机联网设置，"网络参数"设置。

② 路口配置。

③ 子区配置。

④ 道路配置。

⑤ 路口配置。

⑥ 设备配置。

⑦ 确定相位号（表3）（参考教材中本项目任务7中的表3-6）。

表3 0号配时方案的相位号

相序	放行相位	绿灯时长/s	黄灯时长/s	相位号
1	南北直行			
2	南北左转			
3	东西直行			
4	东西左转			

⑧ 相位灯组配置。

⑨ 配时方案配置。

⑩ 时段配置。

⑪ 星期时段配置。

2）线控协调交叉口参数配置。
① 道路配置。

② 路口配置。

③ 设备配置。

④ 相位名称配置。

⑤ 信号参数设置。

⑥ 线控方案配置。

⑦ 执行线控。

3) 警卫路线设置。

方法一：在交通信号控制平台上，单击"警卫路线"按钮，设置警卫路线。

方法二：在信号机的一侧，按下"手动"按钮，采用手动控制。

质量检查	成绩：
请指导教师检查本组作业结果，并针对问题提出改进措施及建议。	

综合评价	
建议	

评价反馈	成绩：
根据自己在课堂中的实际表现进行自我反思和自我评价。 自我反思：_____ 自我评价：_____	

任务评价表

评价项目	评价标准	配分	得分
理论知识学习	掌握平台软件参数设置步骤	20	
信息收集	完成交叉口信息收集	10	
制订计划	调查计划制订合理	10	
计划实施	交通信息调查准确	10	
	能够独立进行参数配置	20	
	能够正确接线	20	
质量检查	任务完成，参数设置正确	5	
评价反馈	能对自身客观评价和发现问题	5	
总得分			
教师评语			

复习思考题

实际相位设置与信号机出厂的相位图不同时如何调整？

任务工单8　单个信号控制交叉口 VISSIM 仿真

学　　院		专　　业		姓　　名	
学　　号		小　　组		组长姓名	
指导教师		日　　期		成　　绩	

任务目标

1. 能够独立使用 VISSIM 软件完成交叉口路网建立、交通量的输入、设置信号配时方案等内容。

2. 能够使用 VISSIM 软件进行交叉口信号配时方案的评价。

<table>
<tr><td colspan="2" align="center">接受工作任务</td></tr>
<tr><td colspan="2">将项目1任务1中配时方案设计的案例，利用 VISSIM 软件进行配时方案的评价，包括固定配时方案和感应配时方案。</td></tr>
<tr><td>信息收集</td><td>成绩：</td></tr>
</table>

1) 交叉口位置信息。该交叉口由（主干路/次干路/支路）＿＿＿＿＿＿路和（主干路/次干路/支路）＿＿＿＿＿＿路相交而成。

2) 交叉口交通基础设施信息。

北进口：＿＿条直行车道、＿＿条右转车道、＿＿条直右车道、＿＿条左转车道、＿＿条直左车道、＿＿条直左右车道；＿＿条出口车道。

南进口：＿＿条直行车道、＿＿条右转车道、＿＿条直右车道、＿＿条左转车道、＿＿条直左车道、＿＿条直左右车道；＿＿条出口车道。

西进口：＿＿条直行车道、＿＿条右转车道、＿＿条直右车道、＿＿条左转车道、＿＿条直左车道、＿＿条直左右车道；＿＿条出口车道。

东进口：＿＿条直行车道、＿＿条右转车道、＿＿条直右车道、＿＿条左转车道、＿＿条直左车道、＿＿条直左右车道；＿＿条出口车道。

制订计划	成绩：

1) 根据要分析评价的交叉口信号控制方式，制订基于 VISSIM 的仿真参数设置。

<table>
<tr><td colspan="3" align="center">操作流程</td></tr>
<tr><td>序号</td><td>作业项目</td><td>操作要点</td></tr>
<tr><td>1</td><td>导入底图</td><td>导入后，要选取图中较精确的参考位置来校准底图</td></tr>
<tr><td>2</td><td>建立路网</td><td>设置车道宽度、车道数等属性，进口道拓宽的要分两个路段绘制，并用连接器连接，按照实际的车道宽度和车道数建立各方向的出口车道</td></tr>
</table>

序号	作业项目	操作要点
3	输入交通流量	输入高峰小时交通流量，选择车辆构成
4	设置路径决策	确定车流的流向，即连接各方向的进口道与出口道
5	添加信号灯组	选择固定配时或感应配时，信号灯组数与相位数相同
6	设置信号配时方案	将已有的配时方案参数输入
7	设置信号灯	信号灯有编号，且与信号控制机和信号灯组对应
8	检测器设置与评价	根据需求选择行程时间、延误时间、排队长度和一氧化碳排放等参数进行方案评价
9	仿真过程录像	选择交通规则，仿真时间等参数
计划审核	审核意见： 年　月　日　签字：	

2）根据作业计划完成小组分工。

固定配时人员1		感应配时人员1	
固定配时人员2		感应配时人员2	

3）作业注意事项。

① 确认道路是否连通。

② VISSIM 软件中路段连接器采用"车道一对一"的原则，即每个路段连接器的起始路段数量和终止路段数量相同。

③ 配时方案参数设置正确。

计划实施	成绩：

1）新建一个文件夹，＿＿＿＿＿＿＿＿＿＿＿＿＿＿＿＿＿，存储仿真案例文件。将底图.JPG文件复制到该文件夹中。打开 VISSIM 仿真软件，将底图导入仿真软件后调整比例，并校准。

① 绘制底图并存为.JPG 文件。

② 导入底图后，调整比例校准。

2）建立路网：绘制进出口车道并建立车道连接。

操作步骤	是否完成	注意事项
绘制各进口车道	是□ 否□	进口车道渐变段的连接
绘制各出口车道	是□ 否□	车道数和车道宽度准确
建立车道连接	是□ 否□	进口车道与出口车道对应

序号	连接段起点	连接段终点	连接点数量
1	东进口车道	西出口车道	
2	东进口车道	北出口车道	
3	东进口车道	南出口车道	
4	南进口车道	北出口车道	

序号	连接段起点	连接段终点	连接点数量
5	南进口车道	西出口车道	
6	南进口车道	东出口车道	
7	西进口车道	东出口车道	
8	西进口车道	北出口车道	
9	西进口车道	南出口车道	
10	北进口车道	南出口车道	
11	北进口车道	东出口车道	
12	北进口车道	西出口车道	

3）输入交通流量和设置路径决策。

操作步骤	是否完成	注意事项
输入交通流量	是□ 否□	输入高峰小时交通流量并选择交通组成
设置路径决策	是□ 否□	设置各方向流量和仿真时间

4）添加信号灯组、设置配时方案和信号灯。

操作步骤	是否完成	注意事项
添加信号灯组	是□ 否□	需要添加信号控制机，确定控制类型（固定配时/感应配时）
设置配时方案	是□ 否□	理解灯组与相位的关系
设置信号灯	是□ 否□	与信号控制机、信号灯组对应

填写各信号灯与信号灯组的对应关系。

信号灯组编号	对应的信号灯编号
1	
2	
3	
4	
5	
6	
7	
8	

5）检测器设置与评价。

操作步骤	是否完成	注意事项
数据检测点的设置与评价	是□ 否□	理解车速、加速度等指标
行程时间检测器的设置与评价	是□ 否□	理解行程时间的概念
延误检测器的设置与评价	是□ 否□	理解延误的概念
排队计数器的设置与评价	是□ 否□	理解车头间距的概念
节点检测器的设置与评价	是□ 否□	绘制所选范围

6) 仿真过程录像。

操作步骤	是否完成	注意事项
记录动画文件	是□ 否□	调整时间间隔
录制视频文件	是□ 否□	交通规则选择、仿真时间确定
2D 模式转换成 3D 模式	是□ 否□	Ctrl + D

质量检查	成绩：

请指导教师检查本组作业结果，并针对问题提出改进措施及建议。

综合评价	
建议	

评价反馈	成绩：

根据自己在课堂中的实际表现进行自我反思和自我评价。

自我反思：_____

自我评价：_____

任务评价表

评价项目	评价标准	配分	得分
理论知识学习	理解 VISSIM 仿真软件模块组成	20	
信息收集	完成交叉口基本信息收集	10	
制订计划	VISSIM 的仿真参数设置计划合理	10	
计划实施	底图导入正确	6	
	路网建立正确、连通	8	
	交通流量输入合理	6	
	路径决策正确	6	
	灯组添加正确	6	
	信号配时方案输入正确	6	
	信号灯设置正确	6	
	检测器设置合理	6	
质量检查	任务完成，结果合理	5	
评价反馈	能对自身客观评价和发现问题	5	
总得分			
教师评语			

复习思考题

将固定信号配时和感应信号配时两种方案进行对比，哪种更优？

任务工单 9　干线协调信号控制 VISSIM 仿真

学　　院		专　　业		姓　　名	
学　　号		小　　组		组长姓名	
指导教师		日　　期		成　　绩	

任务目标

1. 能够在 VISSIM 软件中完成干线交叉口路网建立、交通流量的输入、设置信号配时方案等内容。

2. 能够熟练使用 VISSIM 软件进行干线交叉口信号配时方案的评价。

接受工作任务

将"任务工单 2　干线交叉口交通信号协调控制设计"中的配时方案设计的案例，利用 VISSIM 软件对绿波效果进行分析。

信息收集	成绩：

1）道路位置信息。

道路名称_____，包括___个交叉口，交叉口之间的间距依次为___m、和___m、___m。

2）调查各交叉口交通基础设施信息。

调查每个交叉口进出口出道数。

3）调查各交叉口流量。

调查每个交叉口进口道流向和流量。

4）调查工具准备（记录本、笔、安全衣等）。

制订计划	成绩：

1）根据实际道路交通情况，制订交通流量调查作业计划。

操作流程		
序号	作业项目	操作要点
1	交通基础信息调查	确定调查时间和地点
2	交通流量调查	包含流量和饱和流量两部分，分流向调查

2）根据要分析评价的道路调查数据，设置 VISSIM 的仿真参数。

操作流程		
序号	作业项目	操作要点
1	计算公共周期时长	取各交叉口最大周期
2	协调相位绿灯时间	需要计算相交道路的最小绿灯时间

序号	作业项目	操作要点
3	导入底图	CAD 图转换成 JPG 格式导入
4	建立路网	设置车道宽度、车道数等属性，进口道拓宽的要分两个路段绘制，并用连接器连接，按照实际的车道宽度和车道数建立各方向的出口车道
5	输入交通流量	输入高峰小时交通流量，选择车辆构成
6	设置路径决策	确定车流的流向，即连接各方向的进口道与出口道
7	添加信号灯组	选择固定配时或感应配时，信号灯组数与相位数相同
8	设置信号配时方案	设置 offset 相位差的值
9	设置信号灯	信号灯有编号，且与信号控制机、信号灯组对应
10	检测器设置与评价	根据需求选择行程时间、延误时间、排队长度和一氧化碳排放等参数进行方案评价
11	仿真过程录像	选择交通规则、仿真时间等参数
计划审核	审核意见： 年 月 日 签字：	

3）根据作业计划完成小组分工。

调查人员 1		记录人员 1	
调查人员 2		记录人员 2	
调查人员 3		记录人员 3	

4）作业注意事项。

① 保证调查人员交通安全。

② 调查位置不影响车流运行。

③ 调查数据真实，实事求是。

④ 确认道路是否连通。

⑤ VISSIM 软件中路段连接器采用"车道一对一"的原则，即每个路段连接器的起始路段数量和终止路段数量相同。

⑥ 配时方案参数设置正确。

计划实施	成绩：

1. 交通调查

操作步骤	是否完成	注意事项
道路基础信息调查	是□ 否□	渐变段两侧车道数量
交通流量调查	是□ 否□	注意相位数

1）调查进口道渐变段车道两侧车道数量。

交叉口	进口	渐变段上游车道数	左转车道条数	直行车道条数	右转车道条数	出口车道条数	车道宽度/m
1	东						
	西						
	南						
	北						
2	东						
	西						
	南						
	北						
3	东						
	西						
	南						
	北						

2）交通流量调查。

交叉口	进口	流向流量/(veh/h)	进口流量/(veh/h)	饱和流量/(veh/h)	每周期损失时间/s
1	东	左　直　右			
	西	左　直　右			
	北	左　直　右			
	南	左　直　右			
2	东	左　直　右			
	西	左　直　右			
	北	左　直　右			
	南	左　直　右			
3	东	左　直　右			
	西	左　直　右			
	北	左　直　右			
	南	左　直　右			

2. VISSIM 软件参数设置

操作步骤	是否完成	注意事项
计算公共周期时长	是□ 否□	渐变段两侧车道数量
协调相位绿灯时间	是□ 否□	注意相位数
导入底图	是□ 否□	需自己绘制路网图

操作步骤	是否完成	注意事项
建立路网	是□ 否□	注意路段设置
输入交通流量	是□ 否□	高峰小时交通流量
设置路径决策	是□ 否□	车流流向设置
添加信号灯组	是□ 否□	思考与相位的关系
设置信号配时方案	是□ 否□	相位差 offset 设置
设置信号灯	是□ 否□	关联灯组和信号控制机
检测器设置与评价	是□ 否□	双向检测
仿真过程录像	是□ 否□	2D 转 3D

1）计算交叉口最佳周期，并选取最大的作为系统的公共周期时长。

计算公式为 $C_0 = (1.5L + 5) / (1 - Y)$。

交叉口	进口	流量比率值	最佳周期/s
1	东		
	西		
	北		
	南		
2	东		
	西		
	北		
	南		
3	东		
	西		
	北		
	南		

2）计算协调相位的最大绿灯时间。

交叉口	相交道路流量比率最大值	相交道路的最小有效绿灯时间/s	相交道路的最小实际绿灯时间/s	东西向干道最大绿灯时间/s
1				
2				
3				

3）导入底图。新建一个文件夹，_____，存储仿真案例文件。利用 AUTOCAD 软件绘制路网图，转换成 .JPG 文件复制到该文件夹中。打开 VISSIM 仿真软件，将底图导入仿真软件后调整比例并校准。

① 绘制底图存为 .JPG 文件。

② 导入底图后，调整比例校准。

4）建立路网：绘制各交叉口进出口车道并建立车道连接。

5）输入交通流量和设置路径决策。

① 输入交通流量。在进口道上游输入各进口道的高峰小时交通流量，并确定车辆组成。上游交叉口流出与下游交叉口流入量不同，即车辆在路段上有出和入，因此需要进行流量平衡。

需要平衡流量的路段两端		流量平衡值/（veh/h）
1交叉口__进口	2交叉口__出口	
1交叉口__出口	2交叉口__进口	
2交叉口__进口	3交叉口__出口	
2交叉口__出口	3交叉口__进口	

② 设置路径决策。选择"路径"按钮，单击进口道路段，然后设置各决策路径（即左转、直行、右转）的流量值（"2）交通量调查"中的流量值）。

6）添加信号灯组、设置配时方案和信号灯。

选择"编辑信号控制机"，选择控制类型后，单击"编辑信号控制"，添加信号灯组。根据"2）计算协调相位的最大绿灯时间"的配时参数，设置每个交叉口的信号配时方案。

7）添加车辆行程时间检测器与分析效果。

8）仿真过程录像。

质量检查	成绩：
请指导教师检查本组作业结果，并针对问题提出改进措施及建议。	

综合评价	
建议	

评价反馈	成绩：

根据自己在课堂中的实际表现进行自我反思和自我评价。

自我反思：_____

自我评价：_____

任务评价表

评价项目	评价标准	配分	得分
理论知识学习	掌握 VISSIM 仿真软件实现绿波控制的相位差和速度两个参数的设置	20	
信息收集	完成干线上各个交叉口基本信息的收集	10	
制订计划	调查表格合理；VISSIM 的仿真参数设置计划合理	10	
计划实施	公共周期时长、绿灯时间设置合理	5	
	底图导入正确	5	
	路网建立正确、连通	8	
	交通流量输入合理、流量平衡正确	6	
	路径决策正确	6	
	信号灯组添加正确	5	
	信号配时方案、相位差正确	5	
	信号灯设置正确	5	
	检测器设置合理	5	
质量检查	任务完成，结果合理	5	
评价反馈	能对自身客观评价和发现问题	5	
总得分			
教师评语			

复习思考题

试通过调节速度和相位差来寻找最优的方案。

任务工单 10　公交优先信号配时参数设计

学　　院		专　　业		姓　　名	
学　　号		小　　组		组长姓名	
指导教师		日　　期		成　　绩	

任务目标

1. 针对实训室现有车辆检测设备，进行公交车辆信息采集设置。
2. 掌握公交信息响应的"绿灯延长"和"红灯缩短"两种参数设计方法。
3. 能够针对具体交叉口交通情况，设计公交优先信号配时参数。

接受工作任务

在学校周边选择一个十字形交叉口，作为本次公交优先信号设计的案例，进行信号配时参数设计实践。

信息收集	成绩：

1）交叉口位置信息。该交叉口由＿＿＿＿＿＿路和＿＿＿＿＿＿路相交而成。

2）调查各交叉口交通基础设施信息。

调查交叉口进出口车道数、车道宽度。

3）调查交叉口流量。

① 调查交叉口进口道流向和流量。

② 调查经过该交叉口的公交车辆信息。

4）调查工具准备（记录本、笔、安全衣等）。

制订计划	成绩：

1）根据实际交叉口交通情况，制订交通调查作业计划。

操作流程		
序号	作业项目	操作要点
1	交叉口基础信息调查	选定调查点和调查时间
2	交叉口流量调查	高峰小时流量和公交车线路、发车频率
3	公交车辆运行速度	检测器位置与停车线之间的速度
4	公交车检测器位置	根据实际交通道路情况，设计合理的位置

2）根据调查结果，制订公交优先信号配时参数设计方案。

操作流程		
序号	作业项目	操作要点
1	计算最佳周期时长	注意找每个相位的关键车流计算
2	配时参数计算	有效绿灯时长和实际绿灯时长计算

序号	作业项目	操作要点
3	画出相位配时方案图	根据计算出的各相位绿灯时间画出相位图和配时方案图
4	设计绿灯延长公交优先信号配时参数	注意公交车辆到达停车线的时间、考虑影响绿灯延长时间的交通因素
5	设计红灯缩短公交优先信号配时参数	注意公交车辆到达停车线的时间、考虑其他相位影响红灯缩短的时间
计划审核	审核意见： 　　　　　　　　　　　　　　　　　　　　年　月　日　签字：	

3）根据交通流量调查作业计划和配时参数设计计划完成小组分工。

调查人1		记录员1	
调查人2		记录员2	

4）作业注意事项。

① 注意调查人员交通安全。

② 调查位置不影响车流运行。

③ 调查数据真实，实事求是。

④ 注意公交车辆检测器安装位置。

⑤ 注意公交车辆到达时刻，选取优先信号方案。

计划实施	成绩：

1. 交通调查

操作步骤	是否完成	注意事项
交叉口基础信息调查	是□ 否□	进口车道数量、宽度
交通流量调查	是□ 否□	高峰小时交通流量、饱和流量
公交车运行车速	是□ 否□	进入交叉口的速度
公交车辆检测器位置	是□ 否□	合理设计位置

1）调查交叉口进口道数，公交车辆运行速度为_____。

进口	左转车道条数	直行车道条数	右转车道条数	车道宽度/m
东				
西				
南				
北				

2）交通流量调查。

进口	流向流量/（veh/h）	进口流量/（veh/h）	饱和流量/（veh/h）	每周期损失时间/s
东	左　直　右			
西	左　直　右			
北	左　直　右			
南	左　直　右			

2. 公交优先信号配时参数设计

操作步骤	是否完成	注意事项
计算最佳周期时长	是□ 否□	确定相位关键车流
配时参数计算	是□ 否□	理解损失时间概念
画出信号相位配时方案图	是□ 否□	注意全红时间
设计绿灯延长公交优先信号配时参数	是□ 否□	关注影响参数的因素
设计红灯缩短公交优先信号配时参数	是□ 否□	考虑行人过街

1）计算交叉口最佳周期。

① 确定相位数，画出相位图。

② 最佳周期计算。

提示：$C_0 = \dfrac{1.5L+5}{1-Y}$，$Y = \sum y_i$，$y_i = \dfrac{q_i}{s_i}$。$y_i$ 是每个相位中，关键车流的流量与饱和流率的比值；关键车流是指每个相位中流量比率最大的那股车流；i 等于相位数。

2）配时参数计算。

有效绿灯时间计算。

提示：$g_i = \dfrac{y_i}{Y}(C_0 - L)$。

相位绿灯时长计算。

提示：$G_i = g_i - t_Y + l$。t_Y 为黄灯时间，l 为绿灯内的起动损失时间。

3）画出信号相位配时方案图。

4）设计绿灯延长公交优先信号配时参数。设计公交车辆在绿灯期间到达交叉口的方案。

① 画出相位绿灯延长示意图（见教材中任务 10 的图 5-9）。

② 计算公交车辆预计到达停车线的运行时间。

③ 绿灯延长时间计算。

④ 综合因素确定绿灯延长时间。

⑤ 各相位绿灯时长与红灯时长计算。

⑥ 画出信号相位配时方案图（见教材中任务 10 的图 5-10）。

5）设计红灯缩短公交优先信号配时参数。设计公交车辆在黄灯或红灯期间到达交叉口的方案。

① 画出相位红灯示缩短意图（见教材中任务 10 的图 5-11）。

② 计算公交车辆预计到达停车线的运行时间。

③ 红灯缩短时间计算。

④ 综合因素确定红灯缩短时间。

⑤ 各相位绿灯时长与红灯时长计算。

⑥ 画出信号相位配时方案图（见教材中任务 10 的图 5-12）。

质量检查	成绩：

请指导教师检查本组作业结果，并针对问题提出改进措施及建议。

综合评价	
建议	

评价反馈	成绩：

根据自己在课堂中的实际表现进行自我反思和自我评价。

自我反思：

自我评价：

任务评价表

评价项目	评价标准	配分	得分
理论知识学习	理解"绿灯延长"和"红灯缩短"两种参数设计思想	20	
信息收集	完成交叉口基本信息收集	10	
制订计划	调查计划制订合理	10	
计划实施	交通调查信息全面准确	10	
	能够设计出"绿灯延长"和"红灯缩短"公交优先信号配时参数	20	
	能够准确绘制出相应的相位配时方案图	20	
质量检查	任务完成，计算结果合理	5	
评价反馈	能对自身客观评价和发现问题	5	
总得分			
教师评语			

复习思考题

试分析当公交车车头时距较近时如何考虑配时参数设计？